BEI GRIN MACHT SICH IHR WISSEN BEZAHLT

- Wir veröffentlichen Ihre Hausarbeit,
  Bachelor- und Masterarbeit

- Ihr eigenes eBook und Buch -
  weltweit in allen wichtigen Shops

- Verdienen Sie an jedem Verkauf

Jetzt bei www.GRIN.com hochladen
und kostenlos publizieren

Anonym

Theorie der Wirtschaftspolitik

GRIN Verlag

Bibliografische Information der Deutschen Nationalbibliothek:

Die Deutsche Bibliothek verzeichnet diese Publikation in der Deutschen National-
bibliografie; detaillierte bibliografische Daten sind im Internet über http://dnb.d-
nb.de/ abrufbar.

Dieses Werk sowie alle darin enthaltenen einzelnen Beiträge und Abbildungen
sind urheberrechtlich geschützt. Jede Verwertung, die nicht ausdrücklich vom
Urheberrechtsschutz zugelassen ist, bedarf der vorherigen Zustimmung des Verla-
ges. Das gilt insbesondere für Vervielfältigungen, Bearbeitungen, Übersetzungen,
Mikroverfilmungen, Auswertungen durch Datenbanken und für die Einspeicherung
und Verarbeitung in elektronische Systeme. Alle Rechte, auch die des auszugsweisen
Nachdrucks, der fotomechanischen Wiedergabe (einschließlich Mikrokopie) sowie
der Auswertung durch Datenbanken oder ähnliche Einrichtungen, vorbehalten.

Impressum:

Copyright © 2007 GRIN Verlag GmbH
Druck und Bindung: Books on Demand GmbH, Norderstedt Germany
ISBN: 978-3-656-74905-9

Dieses Buch bei GRIN:

http://www.grin.com/de/e-book/281393/theorie-der-wirtschaftspolitik

GRIN - Your knowledge has value

Der GRIN Verlag publiziert seit 1998 wissenschaftliche Arbeiten von Studenten, Hochschullehrern und anderen Akademikern als eBook und gedrucktes Buch. Die Verlagswebsite www.grin.com ist die ideale Plattform zur Veröffentlichung von Hausarbeiten, Abschlussarbeiten, wissenschaftlichen Aufsätzen, Dissertationen und Fachbüchern.

Besuchen Sie uns im Internet:

http://www.grin.com/

http://www.facebook.com/grincom

http://www.twitter.com/grin_com

I. Grundlagen

1. Wirtschaftspolitik als Gegenstand der Wirtschaftswissenschaften

Gegenstand der Theorie der Wirtschaftspolitik ist das Handeln, durch das eine Vielzahl von Akteuren – Regierung, Notenbank, Parlament, internationale Organisationen, Kommunen, Interessenverbände – Einfluss auf das Wirtschaftsgeschehen zu nehmen versucht, um jeweils angestrebte Ziele so weitgehend wie möglich zu erreichen.

Wirtschaftspolitik umfasst
- Alle Aktivitäten (Handlungen, Maßnahmen)
- staatlicher Instanzen, welche darauf gerichtet sind,
- nach politischen Zielen
- die Wirtschaftsordnung (Ordnungspolitik), zu gewährleisten.

1.1. Abgrenzungen

a) Wirtschaftspolitik

- ist ohne Theorie undenkbar
- es wird unterteilt in: 1.Allgemeine Wipo   →Wirtschaftspolitik insgesamt
                                                      → Ordnungs- und Prozesspolitik
                                    2.Spezielle Wipo   → unterteilt nach Sektoren
                                                       → nach Raum (regional...)
                                                       → nach Funktion (Wettbewerb....)

b) Wirtschaftstheorie
- Ansätze über anzustrebende Prozesse ☐ Formulierung von Konzepten (= normative Theorie)
- das „Wie?"
- Aussagen über Ursache - Wirkungs - Zusammenhänge (= positive Theorie)
- Beschreibung der Instrumente der einzelnen Politiken (z.B. Instrumente der Konjunkturpolitik)

1.2. Werturteile in der Wirtschaftspolitik

Ziel:
Eine Wirtschaftspolitik ist rational, wenn sie planmäßig auf die Verwirklichung eines umfassenden, wohldurchdachten und in sich ausgewogenen Zielsystems gerichtet ist und dabei den höchsten Erfolgsgrad erreicht, der unter den jeweiligen Umständen möglich ist.

Anforderungen an die rationale Wirtschaftspolitik:
- Kenntnis der Ausgangslage
- Festlegung der angestrebten Ziele (☐ Wo will man hin?)
- Kenntnisse über geeignete Instrumente zur Zielerreichung
- Kenntnisse über Nebenwirkungen der Instrumente
- Kenntnisse über Entscheidungsverfahren
- Auswahl und Anwendung geeigneter Entscheidungsverfahren (-regeln)

Rationale Wirtschaftspolitik erfordert die Kenntnis der
- Ausgangslage,
- Anzustrebenden Ziele
- Beziehungen zwischen den Zielen
- Geeignete Instrumente zur Zielerreichung

Man unterscheidet die Theorie der Wirtschaftspolitik in positive Ökonomik (methodologischer Individualismus) und normative Ökonomik.

Die Ökonomische Theorie der Politik, auch Neue Politische Ökonomie (positive Ökonomie) genannt, steht für diese Absicht, das Verhalten der hier relevanten Akteure zu erklären, ohne damit auch schon die Absicht zu verbinden, die jeweils optimale Lösung zu benennen und die tauglichste Strategie zu ihrer Durchsetzung zu formulieren. Es werden Aussagen über Ursache-Wirkungs-Zusammenhänge getroffen, die frei von Werturteilen, logisch und empirisch überprüfbar sein sollten. Daraus sollten sich gesetzmäßige Zusammenhänge zur Bildung von Quasi-Gesetzen ableiten lassen.

Probleme :
- Komplexe Ziele,
- Konkurrierende Theorien,
- Multikausale Zusammenhänge
- Instabile Ursache-Wirkungs-Zusammenhänge durch Verhaltensänderungen,
- Exogene Einflüsse
- Sich ändernde Umwelt

Modelle:
   a)Technokratisches Modell:

   b)Dezisionistisches Modell:

   c)Pragmatisches Modell:

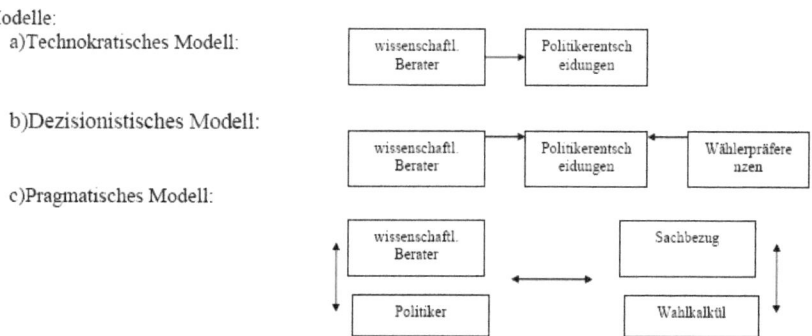

Normativ angelegt ist die Theorie der Wirtschaftspolitik schließlich, wenn sie die Frage zu beantworten versucht, welche Aufgaben welchen Trägern der Wirtschaftspolitik zuerkannt werden sollen, welche Institutionen zur Erfüllung dieser Aufgaben erforderlich sind, nach welchen Regeln, von welchen Instrumenten Gebrauch gemacht werden sollte und wie gewährleistet werden kann, dass die Träger der Wirtschaftspolitik die ihnen zuerkannte Macht nicht gegen das Interesse der Gesellschaft ausüben.

2. Träger der Wirtschaftspolitik

Die Vielfalt an Trägern der Wirtschaftspolitik und deren Beziehungen zueinander ist in erster Linie durch die jeweilige Staatsverfassung bestimmt. In besonders starkem Masse dezentralisiert ist die Wirtschaftspolitik bei einer föderativen Staatsordnung. Dementsprechend können in der Bundesrepublik Deutschland folgende Träger der Wirtschaftspolitik identifiziert werden: Als eine der Ursachen für die Dezentralisierung der wirtschaftlichen Kompetenz kann wohl die sachliche und räumliche Vielfalt der Aufgaben angesehen werden. Sie legen eine Kompetenzaufteilung nahe.

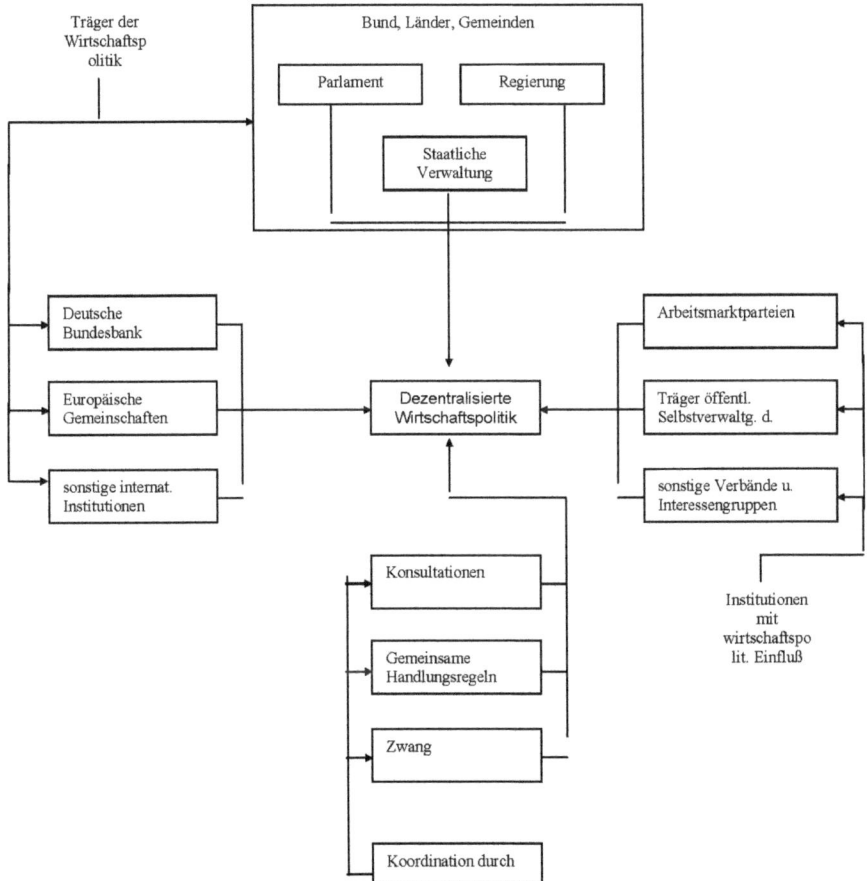

Vorteil dezentraler Ordnung:
- Regionalen Präferenzen kann entsprochen werden
- Nutznießer und Kostenträger sind nahezu deckungsgleich
- Wettbewerb zwischen Trägern der Wirtschaftspolitik

Vorteile zentraler Ordnung:
- Vermeidung allokationstheoretischer Probleme bei der Bereitstellung öffentlicher Güter (weiter Transaktionskostenersparnis)
- Umsetzbarkeit stabilitätspolitischer Ziele
- Verwirklichung verteilungspolitischer Ziele (Mindestversorgung)

Dementsprechend geht im Falle der BRD mit der Kompetenzaufteilung eine unterschiedliche Verteilung wirtschaftspolitischer Aktivitäten einher.

Internationaler Sektor	*Träger supranationaler Wipo* UNO, EG, IWF, GATT
staatlicher Sektor	*Träger staatlicher Wipo* Legislative, Judikative, Executive
Intermediärer Sektor	*Autonome Träger d. WP mit ö/r. Entscheidg.-fkt.* Bundesbank, Bundesversicherungsanstalt
	Weisungsgebundene Träger m. ö/r Entscheidg.-fkt. Sachverständigenrat, Monopokommission, wiss. Beiräte
Privater Sektor	*Träger d. WP m. privatrechtl. Entsch.- u. Infofkt.* Gewerkschaften, U – Verbände

Koordination ist bei Trägervielfalt erforderlich, wenn sich die Folgen der Handlungen von verschiedenen Trägern bedingen. Dies kann der Fall sein, wenn:
- Einige der verfolgten Ziele nicht miteinander vereinbar sind,
- Gleiche oder ähnliche Ziele von verschiedenen Trägern angestrebt werden

Eine Koordination zwischen Trägern der Wirtschaftspolitik lässt sich mit Hilfe folgender Instrumente anstreben:
- Durch Konsultation
- Durch Bindung an gemeinsame Handlungsregeln (z.B. Regeln für Interventionen auf Devisenmärkten)
- Durch Übertragung wirtschaftspolitischer Kompetenz auf eine übergeordnete Institution

2.1. Der staatliche Sektor

Staat gegliedert in vertikal in Bundesstaat, Landtag, Kommunalparlament mit jeweils unterschiedlichen Kompetenzen und horizontal in Exekutive, Legislative und Judikative,
- Kompetenzverteilung zwischen Bund, Länder, Gemeinden
- Bund und Länder haben Zusammenwirkungspflicht (Problem: Einer baut, der andere zahlt)
- ausschließliche / konkurrierende Gesetzgebung

- Ertragskompetenz: *Bund*: Zölle, Versicherungen, Kapitalverkehrssteuern
  Bund und Länder: Einkommens- und Körperschaftssteuer
  Länder: Vermögenssteuer, Kfz-Steuer, Biersteuer
  Gemeinde: Gewerbesteuer, Grundstückssteuer

- im GG ist keine best. Wirtschaftsordnung vorgeschrieben
- Grundsatz der offenen Marktwirtschaft mit freiem Wettbewerb

2.2. Die autonome Zentralbank

In allen Wirtschaftsordnungen vom Typ gelenkte Marktwirtschaft lässt sich beobachten, dass der Gesetzgeber für sich das Privileg beansprucht, die Ausgabe von Geld zu regulieren. Die damit beauftragte Notenbank verfügt über ein gesetzliches Monopol. Die nationale Kompetenz der Geldpolitik wurde bei Einführung des Euro auf die autonome europäische Zentralbank übertragen. Die autonome und die weisungsunabhängige, parlamentarisch nicht kontrollierte EZB soll verhindern, dass die Geldwertstabilität bei Verfolgung anderer Ziele weiter eingehalten wird.

Deutsche Bundesbank:
- Ist jetzt ein Teil des ESZB
- Wirkt durch ihren Präsidenten an den Entscheidungen des EZB-Rates mit
- Wirkt bei Vorbereitung, Umsetzung und Vermittlung der Entscheidungen des EZB-Rates mit
- Handelt nach Leitlinien und Weisungen der EZB
- Ist unabhängig von Weisungen
- Wird von einem Vorstand geleitet
- Hat Hauptverwaltung und Filialen in den Bundesländern

Vorstand	Deutsche Bundesbank				Verwal-
Sitz in Frankfurt	Präsi- dent	Vize- Präsident	2 Mit- glieder	4 Mit- glieder	tungsrat • insb.
Regionalbüros für Mitglieder	Ernennung auf Vorschlag Bundesregierung		Ernennung auf Vorschlag Bundesrat		Budget- Transpa- renz

- Vorstand als gesamtverantwortliches, kollegiales Leitungsorgan (Erörterung der geldpolitischen Entscheidungen des EZB-Rates einschließlich Beratung des Bundesbankpräsidenten)
- Bestimmung der Geschäftspolitik der Bundesbank
- Leitung der den Dezernenten zugeordneten Fachgebiete in der Gesamtbank durch die Mitglieder
- Mitglieder mit Zuständigkeit für bestimmte Regionalbereiche

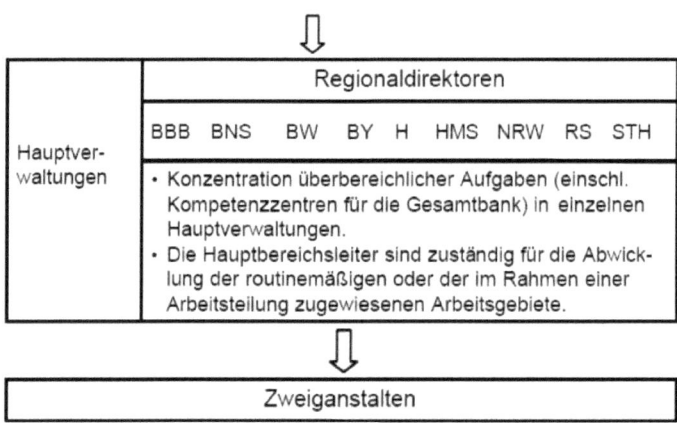

Die Europäische Zentralbank wird vom Direktorium und EZB-Rat geleitet.

Organe der Europäischen Zentralbank:

a) Direktorium der EZB
- Sechs Mitglieder (Präsident, Vizepräsident und vier weitere Mitglieder)
- Jedes Mitglied hat eine Stimme
- Amtszeit beträgt 8 Jahre, keine Wiederernennung
- Bestellung der Mitglieder auf Empfehlung des Rates der EU
- Bereitet die Sitzungen des EZB-Rates vor
- Führt die laufenden Geschäfte nach Leitlinien und Beschlüssen des EZB-Rates

b) EZB-Rat
- Oberstes und zentrales Beschlussorgan im ESZB
- Legt die Geldpolitik der Gemeinschaft durch Leitlinien und Beschlüsse fest
- Führt die Devisengeschäfte im Einklang mit Art.111 durch
- Hält und verwaltet die offiziellen Währungsreserven
- Fördert das reibungslose Funktionieren der Zahlungssysteme

c) Erweiterter EZB-Rat
- Umfasst Direktorium der EZB und die Zentralbankpräsidenten aller Mitgliedstaaten der EU
- Besteht, solange nicht alle EU-Mitglieder zugleich Mitglied der Euro-Zone sind

2.3. Die autonomen Tarifverbände

Im Hinblick auf die Gegebenheiten in Deutschland ist es zweckmäßig, eine Unterscheidung aufgrund zweier Merkmale vorzunehmen, die in unterschiedlicher Weise bei den verschiedenen Verbänden miteinander verknüpft sind:
- Rechtlich zwischen Verbänden nach öffentlichem und nach privatem Recht sowie
- Funktional zwischen Marktverbänden und Wirtschaftsverbänden

a) Öffentlich Rechtliche

Öffentlich-Rechtlichen Charakter haben die verschiedenen Kammern (z.b. Industrie- und Handelskammer, Handwerkskammern) und Tarifvertragsparteien. Als Mitglieder gehören ihnen Gewerbetreibende, Handwerker, Landwirte und freiberuflich Tätige kraft Gesetz an. Im Unterschied zu privat-rechtlich organisierten Verbänden sind die Kammern mit Hoheitsbefugnissen gegenüber ihren Mitgliedern, teils auch mit Rechtssetzungsbefugnissen ausgestattet.

b) Privat Rechtliche

Privatrechtlich organisierte Interessenverbände entstehen durch freiwilligen Zusammenschluss von privaten Wirtschaftseinheiten im Unterschied zur gesetzlichen Mitgliedschaft bei Kammern. Ihre Befugnis erstreckt sich darauf, im Rahmen der Verbandsautonomie wirtschaftliche Interessen ihrer Mitglieder wahr zu nehmen. Eine erste Gruppe solcher Verbände sind die Marktverbände (Kartellen, Genossenschaften, Gewerkschaften und Arbeitgeberverbänden).

Eine zweite Gruppe der privatrechtlich organisierten Verbände sind die Wirtschaftsverbände. Diese sind befugt die Rechte ihrer Mitglieder gegenüber Regierung, Verwaltung und Parlament wahr zu nehmen. Zu den Wirtschaftverbänden gehören Branchenverbände, Berufsverbände und Verbraucherverbände.

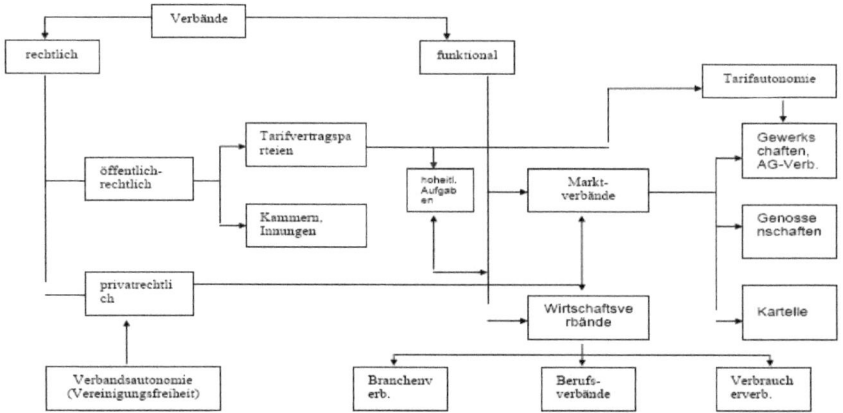

3. Ziele der Wirtschaftspolitik

3.1. Gesellschaftliche Grundwerte

a) Freiheit

1. Willensfreiheit
2. Handlungsfreiheit
3. Wirtschaftliche Freiheit

Wirtschaftliche Freiheit erfordert, dass alle Vorkehrungen getroffen werden, damit die ökonomischen Dispositionen von den Bürgern frei, aber auch eigenverantwortlich vorgenommen werden können. Dies führt in letzter Konsequenz dazu, dass auf zwei Elemente wirtschaftlicher Selbststeuerung vertraut wird:

- Die Selbstkoordination der eigenverantwortlich Wirtschaftenden durch Markttransaktionen
- Die Selbstkontrolle unter dem Druck wirksamen Wettbewerbs

b) Gerechtigkeit

1. Gleichheit der formalen Freiheit: Gleichheit vor dem Gesetz
2. Gleichheit der Startbedingungen und Chancen
3. Leistungsgerechtigkeit: Gleicher Lohn für gleiche Leistung
4. Bedarfsgerechtigkeit
5. Gleichheit der materiellen Freiheit

Deutlich soll geworden sein, dass die Grundwerte der Freiheit und Gerechtigkeit immer dann nicht konfliktfrei mit Hilfe des Rechts als Instrument angestrebt werden können, wenn es um die Erfüllung von Kriterien sozialer Gerechtigkeit geht.

c) Sicherheit

1. individuell Sicherheit (Sicherheit des Einzelnen)
2. materielle Sicherheit (durch prozessurale Sicherheit, soziale Sicherheit)

Konflikt zwischen Sicherheit und Freiheit. Diese alltäglichen Konflikte entstehen dadurch,

- Dass allein schon der Versuch der Selbstverwirklichung aufgrund der gesellschaftlichen Zusammenhänge die Freiheit anderer tangiert.

- Dass die Wertvorstellungen der Individuen sowohl nach dem Inhalt als auch nach der Rangfolge der Einzelnormen divergieren.

d) Fortschritt: Fortschritt gilt in einem doppelten Sinn für viele als erstrebenswert:

- Als Wertschätzung des Erkenntnisgewinns und der Neuerung sowie
- Als Annäherung an vorgegebene Ziele im Zeitablauf

Konflikte zwischen ökonomischen Fortschritt und sozialer Gerechtigkeit können aus einem Missverständnis des Wettbewerbs als Entdeckungsverfahren entstehen. Aus der Perspektive der sozialen Gerechtigkeit könnten Entwicklungsgewinne im Sinne einer Angleichung von Einkommen korrekturbedürftig erscheinen. Mit einer solchen Korrektur würde jedoch ein Anreiz zum Fortschritt genommen.

Allgemein bedeutet Fortschritt eine Veränderung, wobei sich ein Konflikt mit der Sicherheit ergeben könnte.

e) Frieden

Gesellschaftlicher Frieden konkurriert mit Glaubensfreiheit, Handlungsfreiheit, gesellschaftlichem Fortschritt

3.2. Formulierung wirtschaftspolitischer Ziele

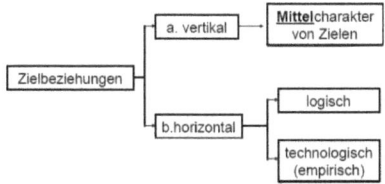

Die Fälle, in denen Ziele auch Mittelcharakter haben, also nach anderen Zielen hinterfragbar sind, lass sich als vertikale Zielbeziehungen klassifizieren. Horizontale Zielbeziehungen können entweder ausschließlich logischer Art sein oder sie sind die Folge von Nebenwirkungen des Mitteleinsatzes, also technologischer oder empirischer Art.

Als ausschließlich logische Beziehungen kommen in Betracht:
- die Identität
- die Vereinbarkeit
- die Unvereinbarkeit

Technologischen Charakter haben:
- die Komplementarität
- die Neutralität
- die Konkurrenz

Idealtypische Zielbeziehungen

aa)Identität

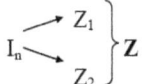

Einsatz von Instrumenten auf Z_1 führt automatisch zu höherem Zielerreichungsgrad bei Z_2
→ Einsatz eines Instrumentes mit Auswirkg. auf beide Z.
→ Reduktion auf ein Ziel

bb)Komplementarität / Harmonie

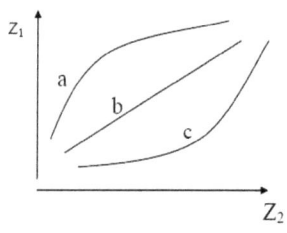

a/c Beziehung zwischen Z1 und Z2 nicht so stabil wie
       bei b
→ Verfolgung eines Zieles begünstigt den
     Zielerreichungsgrad eines anderen Zieles (bei a, b,
     c)

cc)Neutralität

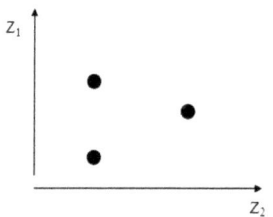

Die Ziele sind völlig unabhängig voneinander.

Der Instrumenteneinsatz im Hinblick auf Z_1 hat keinen
Einfluß auf den Zielerreichungsgrad von Z_2
⇒ Jedes Ziel ist erreichbar!

dd)Konflikt / Antinomie

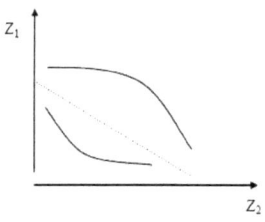

Der Einsatz der Instrumente auf Z_1 wirkt nachteilig auf
den Zielerreichungsgrad von Z_2.

Verfolgt man ein Ziel, wir ein anderes Ziel
zwangsläufig „vernachlässigt".

ee)Widersprüchlichkeit

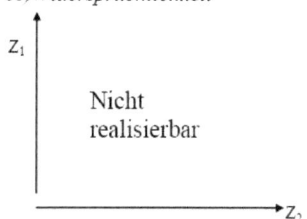

Nicht
realisierbar

Es geht immer nur ein Ziel zu verwirklichen.

Eine Mischung beider Ziele ist nicht möglich.

Die Zielbeziehungen sind abh. vom Einsatz der Mittel. Somit ist eine klare Zuordnung meist unmöglich.

Darüber hinaus gibt es situationsbedingte Zielbeziehungen, z.b. in einer Rezession mögen die Ziele Preisniveaustabilität und Beschäftigung neutral sein, in einer Phase der Hochkonjunktur können es konkurrierende Ziele sein.

Zusammenfassung Zielbeziehung:
- resultieren aus verfügbaren Instrumenten
- ändern sich mit neuen Instrumenten
- variieren mit Verhaltensänderungen
- sind von der Dosierung der Instrumente abh.
- sind vom Niveau im Zielerreichungsgrad abh.
- können vom Zeitraum der Wirkungsanalyse abh. sein

3.3. Wirtschaftspolitische Problemstruktur und wissenschaftliche Lösungshilfe

Wenn beobachtete Abweichungen der ökonomischen Realität von den wirtschaftspolitischen Zielsetzungen zum Handeln veranlassen, ist es bei rationalem Vorgehen unumgänglich zu wissen:
- wie es zu diesen Abweichungen kommt,
- welche Entwicklungen ohne weiteres wirtschaftspolitisches Zutun zu erwarten wäre,
- wie die Abweichungen beseitigt oder verringert werden könnten,
- ob und in welchem Maße durch die erwogene Interventionen Abweichungen bei anderen Zielen und damit neue Probleme entstehen würden

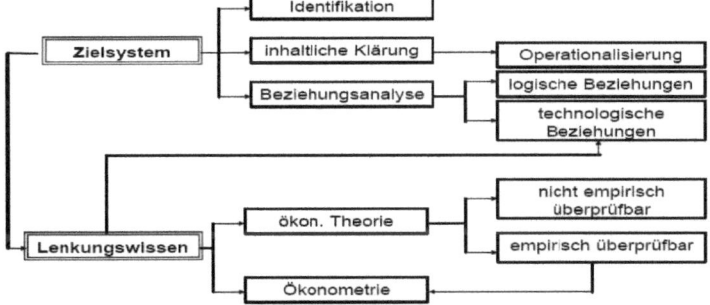

3.4. Kriterien des Mitteleinsatzes

Es soll dargelegt werden, welche Kriterien für die Wahl einzelner Mittel in konkreten Entscheidungssituationen in Frage kommen könnten. Wenn der Mitteleinsatz möglichst rational erfolgen soll, kommen drei Interventionsregeln in Betracht: die Zielkonformität, die Konzeptionskonformität und die Systemkonformität.

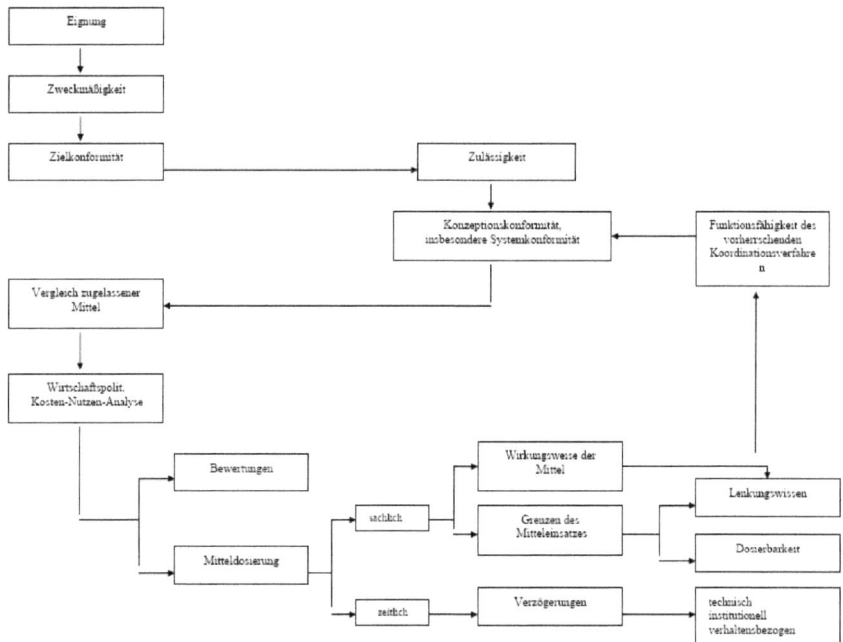

Maßnahmen gelten als zielkonform und damit als zweckmäßig, wenn sie zur Lösung des wirtschaftspolitischen Problems beitragen. Folge- und Nebenwirkungen bleiben außer Betracht.

Maßnahmen gelten dann als systemkonform, wenn sie nicht nur zweckmäßig sind, sondern auch einen Eigenwert aufweisen. Das heißt, die Maßnahme führt nicht nur irgendwie zum Ziel, sondern erfüllt noch weitere Ansprüche, wie etwa die Norm, dass sie nicht gegen das Konzept der Marktwirtschaft verstößt.

Eine abschließende Beurteilung der Maßnahmen erfordert eine komparative wirtschaftspolitische Kosten-Nutzen-Analyse. Kosten-Nutzen-Analysen werden möglich, wenn zwei Probleme wenigstens annähernd lösbar sind:
- die Einschätzung der Haupt- und Nebenwirkungen setzt entsprechendes Lenkungswissen voraus
- die erwarteten Wirkungen verlangen bewertet zu werden

Notwenige Bedingung für die Beurteilung einer konkreten Maßnahme ist die Kenntnis ihrer Wirkungsweise in Abhängigkeit von der Dosierung.

Zeitbedarf/Time-lags der Umsetzung:
- Erkennungsverzögerung (bis Störung sich in der Statistik niederschlägt)
- Innenverzögerung (Diagnose-, Planungs-, Entscheidungs- und Durchführungsverzögerung)
- Außen- bzw. Wirkungsverzögerung

Dosierungsprobleme:
- Überdosierung (z.b. Kapitalflucht ins Ausland bei hoher Besteuerung von Zinserträgen oder mehr Schattenwirtschaft bei MwSt-Erhöhung)
- Unterdosierung (Tabaksteuer verfehlt den gewünschten Effekt, wenn „Schmerzgrenze noch nicht erreicht ist)
- Fehldosierung bei Datenänderungen; z.b. falscher Ökosteuersatz bei neuen Erkenntnissen zum Treibhauseffekt

Beispiel Arbeitsmarktpolitik

a) Zielkonformität

- Zweck ist Vollbeschäftigung
- Beschäftigten könnte mit Fortbildung und Weiterbildung geholfen werden, so dass sie erst gar nicht arbeitslos werden.
- Arbeitslosen wird mit Umschulungsmaßnahmen, ABM und Beschäftigungsgesellschaften geholfen.
- Insgesamt geht die Arbeitslosigkeit zurück, also liegt Zielkonformität vor

b) Systemkonformität

- Unterstützt die Arbeitsmarktpolitik das marktwirtschaftliche System?
- Vollbeschäftigung führt zwar zu mehr Sicherheit und Zufriedenheit
- Aber: die dadurch entstehenden neuen Arbeitsplätze müssen langfristig die verloren gegangenen kompensieren, was nicht möglich ist
- Zur Systemforderung ist die Wettbewerbspolitik/Ordnungspolitik eher geeignet.

Insgesamt gesehen sollte die Arbeitsmarktpolitik sparsam eingesetzt werden. Besser wäre es, wenn eine ursachenadäquate Arbeitsmarktordnungspolitik zum Zuge käme, indem etwa bei Tarifverhandlungen bzw. der Tarifautonomie angesetzt werden würde.

3.5. Die Ziele nach dem Stabilitäts- und Wachstumsgesetz

§1 StWG(Gesetz zur Förderg. der Stabilität und des Wachstum d. Wirtschaft) vom 8.6.67

„Bund und Länder haben bei ihren wirtschafts- und finanzpolitischen Maßnahmen die Erfordernisse des gesamtwirtschaftlichen Gleichgewichts zu beachten. Die Maßnahmen sind so zu treffen, dass sie
- im Rahmen der marktwirtschaftlichen Ordnungen gleichzeitig
- zur Stabilität des Preisniveaus
- zu einem hohen Beschäftigungsstand und
- außenwirtschaftlichen Gleichgewicht
- bei stetigem und angemessenen Wirtschaftswachstum beitragen.“

Operationalisierung der Ziele:

Die Erreichung dieser wirtschaftspolitischen Ziele ist nicht in Zahlen festgeschrieben, jedoch gibt es die Möglichkeit, Indikatoren für deren Erreichung festzulegen. Es wird zwischen der qualitativen, der quantitativen und zeitlichen Operationalisierung unterschieden.

Qualitative Operationalisierung:
Es wird ein Indikator gesucht, der das gewählte Ziel möglichst gültig, d.h. in seiner ganzen Bedeutung erfasst. Ein Beispiel für das „stetige und angemessene Wachstum“ wäre das Bruttoinlandsprodukt.

Quantitative Operationalisierung:
Für einen Indikator wird ein Wert bestimmt, bei dessen Erreichung das über die qualitative Operationalisierung verknüpfte Ziel als erreicht angesehen wird. Beispiel: Bei einem Wachstum des BIP von 3 bis 4 Prozent gilt das Ziel des stetigen und angemessenen Wachstums als erreicht.

Zeitliche Operationalisierung:
Hier wird der Zeitraum definiert, in der ein via qualitativer Operationalisierung verknüpfter Indikator den über die quantitative Operationalisierung festgelegten Wert erreichen soll. Beispiel: Bei einem Wachstum des BIP von 3 bis 4 Prozent in einem Rechnungsjahr gilt das Ziel als erreicht.

a) Hoher Beschäftigungsstand

Indikatoren:

$$\text{Amtlich dt. AL-Quote (i.v.H)} = \frac{(\text{registrierte}) \, AL}{\text{abh. Erwerbspersonen (abh. Erwerbstätige} + AL)} \times 100$$

$$\text{Europ. AL-Quote (i.v.H)} = \frac{(\text{registrierte}) \, AL}{\text{alle Erwerbspersonen (incl. Selbständige} + \text{mithelf. Fam.-Mitgl.}} \times 100$$

Arten der Arbeitslosigkeit:
(1) Konjunkturell
(2) Strukturell
(3) Saisonal
(4) Klassisch = Hochlohnarbeitslosigkeit z.b. durch angesetzte flächendeckende Tarifverträge
(5) Fiktional = kurzzeitig z.b. nach dem Studium

b) Preisniveaustabilität

Indikatoren:
- Verwendung eines Warenkorbes, für den die Entwicklung der Preise im Zeitablauf gemessen werden
- Preisniveaustabilität herrscht, wenn die Preise in der Summe stabil bleiben (für diesen Warenkorb)
- Warenkorb enthält versch. Waren
- Typen von Warenkörben: 4 - Personen - Arbeitnehmer - Haushalt, Single Haushalt u.a.
- Warenkorb dient zum Preisvergleich Beeinflussung der Preise durch Steuern und saisonale Bedingungen. Zielkonflikt zwischen Arbeitslosenquote und Preisniveau?

Der harmonisierte Verbraucherpreisindex (HVPI) ist ein in der Europäischen Union erhobener Verbraucherpreisindex, dem ein EU-weit einheitlicher Warenkorb zugrunde liegt. Der HVPI ist die Kennzahl, mit der in der Europäischen Wirtschafts- und Währungsunion (EWWU) die Preisniveauentwicklung gemessen wird.
Die Berechnung eines HVPI ist erforderlich, da sich die nationalen Verbraucherpreisindizes auf Grund historischer Besonderheiten, unterschiedlichen gesellschaftlichen Rahmenbedingungen sowie abweichender Struktur der statistischen Systeme unterscheiden. Zusätzlich zu den nationalen Verbraucherpreisindizes werden daher in den EWWU-Staaten (in Deutschland seit 1997) auch nationale HVPIs berechnet. Das Statistische Amt der EU (Eurostat) überwacht die Einhaltung der Regeln zur Ermittlung der nationalen HVPIs und berechnet auf dieser Grundlage Verbraucherpreisindizes für die EU und für den europäischen Wirtschaftsraum insgesamt.

c) Außenwirtschaftliches Gleichgewicht

- Transaktionen zw. In- und Ausland werden in der Zahlungsbilanz erfasst
- Die Zahlungsbilanz besteht aus Unterbilanzen:

I.   Leistungsbilanz
II.   Vermögensübertragungen (Saldo)
III.   Kapitalbilanz (Kapitalexportbilanz)
IV.   Saldo statistisch nicht aufgliederbarer Transaktionen
V.   Veränderung der Netto -Auslandsaktiva der Bundesbank

- Absicherung gegen Instabilität des Auslands
- Außenwirtschaftliches Gleichgewicht ist kein Ziel an sich, sondern Mittel / Voraussetzung für einen reibungslosen, internationalen Handel und binnenwirtschaftliche Stabilität
- Überschuss in der Leistungsbilanz (mehr Export als Import)
- Saldo der Leistungsbilanz sollte allerdings immer positiv und größer 0 sein

→ Forderung: 1,2 % vom BIP sollte der Saldo der Leistungsbilanz mindestens betragen

d) Angemessenes und stabiles Wirtschaftswachstum (WW)

Es bedingt die anderen Ziele und erfasst den Anstieg des Produktionspotentials
    → Wachstum dann, wenn bei konst. Arbeit mehr Güter für Konsum / Investitionen zur
    Verfügung stehen
    → Steigerung des Outputs als großes Ziel

Als Produktionspotenzial bezeichnet man jene Produktion, die bei Vollauslastung aller
Produktionsfaktoren (Maschinen, Gebäude, Beschäftigte etc.) möglich wäre. Man unterscheidet
einzelwirtschaftliches und gesamtwirtschaftliches Produktionspotenzial.

Ziele sind aus ökonomischer Sicht zu realisieren, weil:

Wirtschaftswachstum/Vollbeschäftigung:
Wirtschaftliches Wachstum -> verbessert materielle Güterversorgung -> entschärft auch die
Verteilungskonflikte -> fördert die Beschäftigung.

Preisniveaustabilität:
Negative Wirkungen von Inflation:
- Fehlallokation -> damit langfristige Beeinträchtigung des wirtschaftlichen Wachstums,
- Ungerechte und unkontrollierte Verteilungswirkungen und
- Beeinträchtigung der internationalen Wettbewerbsfähigkeit.

Außenwirtschaftliches Gleichgewicht:
Außenwirtschaftliches Gleichgewicht ist eine Situation, die dadurch gekennzeichnet ist, dass von
den wirtschaftlichen Beziehungen des Inlands mit dem Ausland keine negativen Wirkungen auf
die binnenwirtschaftliche Entwicklung ausgehen. Mit Blick auf die binnenwirtschaftlichen Ziele
heißt dies, dass außenwirtschaftliches Gleichgewicht dann gegeben ist, wenn vom Ausland weder
Inflation, Arbeitslosigkeit noch Wachstumsschwäche in die Binnenwirtschaft herein getragen
werden um umgekehrt heimische Fehlentwicklungen nicht zu Lasten des Auslands gelöst werden.

Mögliche Ursachen der Abweichungen von den Zielen:

- Preisniveaustabilität: Ungenauigkeiten bei der Berechnung der Preisindices, zunehmend
  veraltete Warenkörbe.

- Außenwirtschaftliches Gleichgewicht: Währungsreserven eines Landes müssten konstant
  bleiben bei fixen Wechselkursen, diese Konstanz müsste sich auch ohne staatliche
  Manipulation einstellen.

- Hoher Beschäftigungsgrad: Funktionsfähigkeit der Arbeitsmärkte und die Wirkungen des
  Strukturwandels müssten vollständig bekannt sein.

- Vollbeschäftigung: häufig erfolgt die Messung über die Arbeitslosenquote, dabei bleiben die Ursachen der Arbeitslosigkeit unberücksichtigt, auch die Anzahl der Arbeitsstunden ist unbekannt.

- Angemessenes Wirtschaftswachstum: Kein Wirtschaftswachstum um jeden Preis, Kompromisse mit anderen wirtschaftspolitischen Zielen sind notwendig, in jüngerer Zeit wird qualitatives Wachstum verlangt.

- Hohe Wachstumsraten: Messung durch Zuwachsraten des realen BIP pro Kopf, letztlich stellt sich daraufhin die Frage, wie sich der Zuwachs verteilt und durch welchen Faktoreinsatz er zustande kam.

Messung des Zielerreichungsgrades:

Messung der Preisniveaustabilität: Es wird ein Warenkorb mit den üblicherweise konsumierten Gütern zusammengestellt, deren Preise ständig überwacht werden. Vergleicht man das Preisniveau des Warenkorbs von zwei Jahren, erhält man die Veränderung.

Messung der Höhe des Beschäftigungsgrades: Man teilt die Anzahl der registrierten Arbeitslosen durch die Summe der zivilen Erwerbstätigen und der registrierten Arbeitslosen insgesamt.

Messung des außenwirtschaftlichen Gleichgewichts: Der Indikator ist die Außenbeitragsquote. Sie errechnet sich aus dem Außenbeitrag (Exporte minus Importe) dividiert durch das nominale Bruttoinlandsprodukt multipliziert mit 100.

Messung des Wirtschaftswachstums: Wirtschaftswachstum liegt vor bei einer realen Zunahme des Bruttonationaleinkommens bzw. des Bruttoinlandsprodukts.

3.3. Zielkonflikte

Als erste Ursache für einen Zielkonflikt ist ein zahlenmäßiges Missverhältnis zwischen angestrebten Zielen und verfügbaren Instrumenten denkbar. Hier setzt die so genannte Tinbergen-Regel an, welche besagt, dass eine volle Realisierung aller Ziele nur dann möglich ist, wenn mindestens so viele unabhängige Mittel eingesetzt werden, wie Ziele verfolgt werden. Gibt es weniger Instrumente, dann können nicht alle Ziele gleichzeitig erreicht werden.

Zielkonflikte aufgrund der spezifischen Wirkungsweise der verfügbaren Instrumente sind selbst dann möglich, wenn die zahlenmäßige Gleichheit von Zielen und Instrumenten gewährleistet ist; denn es ist nicht von vornherein sichergestellt, dass ein Entscheidungsträger mit dem Einsatz der Instrumente aufgrund ihrer vermuteten Wirkungsweise auch den Realisierungsgrad aller von ihm angestrebten Ziele tatsächlich kontrollieren kann.

- Wirtschaftswachstum – Freiheit (Komplementär) – Gerechtigkeit (Konflikt):
  Bei einer Zunahme des Wirtschaftswachstums findet oft auch eine Erhöhung des Pro-Kopf-Einkommens statt, was zwar die Güterversorgung und die materielle Freiheit steigen lässt. Allerdings stellen sich Gerechtigkeitsprobleme ein, weil nicht alle im gleichen Maße am Wohlstand teilnehmen.

- Beschäftigungsgrad – Freiheit (Komplementär) – Sicherheit (Komplementär) – Gerechtigkeit (Komplementär): Existiert Arbeitslosigkeit, wird das Produktionspotential nicht ausgeschöpft. Die materielle Freiheit wird dadurch geschmälert. Zudem wird das Sicherheitsziel wegen der Existenzsorgen verfehlt. Wegen der unterschiedlichen Betroffenheit bestehen auch Gerechtigkeitsprobleme.

- Preisniveaustabilität – Freiheit (Komplementär) – Gerechtigkeit (Komplementär) – Sicherheit (Komplementär): Bei Inflation wird die Allokationsqualität wegen der Nichtneutralität des Geldes beeinträchtigt, der Versorgungsgrad wird gemindert, die materielle Freiheit wird eingeschränkt, die Einkommens- und Vermögensverteilung verschiebt sich zu Ungunsten der Gläubiger (Gerechtigkeitsproblematik), die Existenzsorgen und Sicherheitsprobleme nehmen zu.

- Außenwirtschaftliches Gleichgewicht – Freiheit (Komplementär) – Sicherheit (Konflikt): Bei einer Zunahme der internationalen Arbeitsteilung erhöht sich die materielle Freiheit, aber auch die Abhängigkeit vom Ausland nimmt zu, was zu einem Sicherheitsrisiko werden kann.

- Gerechte Einkommens- und Vermögensverteilung: Bei ungleicher Einkommens- und Vermögensverteilung sind konfliktträchtige Verteilungskämpfe die Folge, was zu einer Beeinträchtigung der Sicherheit und des sozialen Friedens führt.

- Bereitstellung öffentlicher Güter durch den Staat – Freiheit (Konflikt) – Sicherheit (Kompl.): Durch die gleichmäßige Bereitstellung öffentlicher Güter, die durch den Marktmechanismus nicht geschehen kann z.B. Verteidigung wird die individuelle Sicherheit des einzelnen gefördert jedoch die wirtschaftliche Freiheit durch die Finanzierung der öffentlichen Güter eingeschränkt.

- Typischer Zielkonflikte innerhalb des StWG:
  - o Preisniveaustabilität vs. Vollbeschäftigung: Phillips-Kurve
  - o Preisniveaustabilität vs. Wirtschaftswachstum
  - o Wirtschaftswachstum vs. Außenwirtschaftliches Gleichgewicht

3.4. Zielpyramide

4. Willensbildung und Entscheidungsprozesse in der Demokratie

4.1. Organisationsformen gesellschaftlichen Handelns

a) Marktsystem

Merkmale:
- freiwillige Tauschaktionen, die im Eigeninteresse durchgeführt werden
- dezentrale Planung und Entscheidung
- (Ex-Post-)Koordination durch Märkt
- Steuerung nach Konsumentenpräferenzen und Knappheiten über Preise

Voraussetzungen:
- Ordnungssystem, Freiheitsrechte
- freier Marktzugang für Anbieter und Nachfrager
- genügende Information der Nachfrager
- Bereitschaft zur Mobilität (Leistungsschwäche => Kaufkraftentzug) und zur Hinnahme von Unsicherheit und Risiko
- Ausschlussprinzip muss zu vertretbaren Kosten greifen

Vorteile:
- relativ effiziente Allokation der Ressourcen
- sehr flexibel, Technischer Fortschritt wird ermöglicht
- gewährt sehr große Freiheitsrechte

Probleme:
- Anreiz- und Sanktionsmechanismen müssen akzeptiert werden, ebenso Risiken und Unsicherheit
- Märkte sind teilweise unvollkommen (nat. Monopol, externe Effekte (Umwelt), öffentl. Güter)
- Trittbfettfahrerproblem, moralisches Risiko/adverse Selektion vor und nach Vertragsabschluß
- moralische Grenzen/Bedenken(u.U. unerwünschte Einkommensverteilung)

b) Demokratie

Merkmale:
- allgemeine, freie, gleiche und geheime Wahlen
- aktives und passives Wahlrecht
- es gibt Mehrheitsprinzip/Entscheidungsregel
- begrenzte Amtsdauer der gewählten Personen
- Personen/Parteien konkurrieren um die Stimmen der Wähler
- Ziel der Personen/Parteien: Stimmenmaximierung

Voraussetzungen:
- ges. Pluralität hinsichtlich der Ziele
- konkurrierende Personen, Programme, Parteien
- freier Zugang zum Markt der Stimmen

- aktive Wahlbürger
- Minderheiten müssen Mehrheitsentscheidung akzeptieren
- Politiker müssen Wahlergebnisse akzeptieren

Vorteile:
- Gleichheit (Ausn. Kinder und Jugendliche)
- hohe Legitimität
- geringer Aufwand bei Wahl

Probleme:
- Informationsaufwand groß, unabhängige Medien
- hoher Delegationsumfang
- Abstimmungsergebnisse sind z.t. von Abstimmungsregeln abhängig
- Koalitionen nötig => bargaining/Kuhhandel möglich
- Interessen sind unterschiedlich organisierbar
- principal-agent-Beziehung: Agent kann eigene Interessen durchsetzen

c) Bürokratie

Merkmale:
- pyramidenförmiger Aufbau
- Entscheidungskompetenz an der Spitze
- formalisierte Entscheidungsverfahren
- Spezialisierung auf den unteren Ebenen
- Entscheidungsträger sind nicht Eigentümer der Ressourcen
- Entscheidungsträger werden i.d.R. nicht erfolgsabhängig entlohnt

Voraussetzungen:
- klare Ziel- und Kompetenzvorgaben
- Anreiz-, Kontroll- und Sanktionsverfahren

Vorteile:
- einheitliche Bearbeitung von Entscheidungen
- gleiche Behandlung von Anträgen (keine Bevorzugung)

Probleme:
- Eigeninteressen der Bürokraten (z.B. Budegtmaximierung, s. Niskanen; ruhiges Leben)
- wenig anpassungsfähig
- meist keine Kosten-Nutzen-Erwägungen
- Bürokratien sterben kaum (s. Parkinson)

d) Verhandlungen

Merkmale:
- Repräsentanten sozialer Gruppen treffen Entscheidungen durch Aushandeln
- im Verhandlungsprozess entsteht Kompromiss

- Kompromiss besteht aus Leistung und Gegenleistung

Voraussetzungen:
- Existenz von Gruppen
- beteiligte Gruppen sind ähnlich stark
- in Gruppen bestehen homogene Interessen
- Verhandlungs- und Kompromissbereitschaft
- Akzeptanz der Verhandlungsergebnisse durch Gruppenmitglieder

Vorteile:
- große Akzeptanz der getroffenen Entscheidung
- geringe Entscheidungsfindungskosten, da Entscheidung von wenigen getroffen wird

Probleme:
- nicht alle Personenkreise sind organisierbar
- u.U. Ergebnisse zum Nachteil Dritter
- Politische Macht einer Gruppe hängt ab von:
- Anzahl der Mitglieder
- Homogenität der Interessen
- Straffheit der Organisation
- Zugang zu Massenmedien
- Mobilisierungsfähigkeit von Nicht-Mitgliedern

4.2. Die Bildung von Kollektiven

Annahmen:
- eigeninteressiert handelnde Individuen
- die Nutzen und Kosten vergleich und sich für
- die nutzenmaximierende Alternative entscheiden

Trittbrettfahrerproblem:
„Jeder will im Nutzerkollektiv sein und keiner will Mitglied im Kostenkollektiv sein."

Frage 1: Wozu sind Gruppen in Marktwirtschaften erforderlich?

Für Entscheidungen über
- Art / Umfang der Produktion und
- der Finanzierung

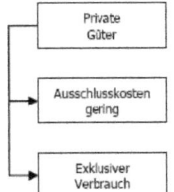
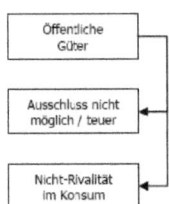

Frage 2: Wann bilden sich Kollektive?

Gründungsarten für Kollektive:

(1) Freiwillige Gruppenbildung

Bedingung:
- Potentielle Nutzergruppe ist klein (z.b. Fahrgemeinschaft)
- Heterogenes individuelles Interesse an der Gruppenleistung
  → ein Mitglied wird zum Initiator (bringt freiwillig gewisse Vorleistungen, um letztlich eine Gruppe zu bilden)
  → ein Mitglied erwartet, dass sein individueller Nutzen größer ist als die Kosten, die er zu tragen hat (z.b. Benzinkosten sind bei MFG geringer)
- In Gruppen ist der Nutzenanteil des Einzelnen relativ gering, die Koordinationskosten sind relativ hoch

Problem, dass die freiwillige Gruppenbildung häufig nicht mehr erfolgt

Instrumente:
- Senkung der Informations-/Koordinationskosten
- Heterogenität des Interesses an der Gruppenbildung

(2) Gruppenbildung aufgrund von Irrationalität

- z.B. bei Religionsgemeinschaften
  → aus spontaner Begeisterung u. altruistischer Handlung heraus wird eine Gruppe gebildet
- Nutzen ist schlecht definierbar
- Verbleib der Mitglieder in der Gruppe nur dann, wenn es sich aus individueller Sicht lohnt

  → ist ökonomisch allerdings auf lgfr. Sicht nicht zu erklären (nur kurzfristig mgl.)

(3) Gruppenbildung durch selektive Anreize

- Förderung durch zusätzliche Vergünstigungen
  → Anwendung des Ausschlussprinzip z.B. ADAC

(4) Gruppenbildung durch Zwang

- Mitgliedschaft ist obligatorisch
  → haben Pflichten und sind im Kostenkollektiv
- Ausstieg ist mit Kosten verbunden (irreversible Kosten)
- Kosten und Nutzen sollten zusammengefasst werden
- Zwangskollektiv kann auch durch eine Wahlkollektiv entstehen

→ z.B. freiwilliger Eintritt in den Tennisclub verpflichtet zur Zahlung der Gebühren

4.3. Abstimmungs- und Entscheidungsregeln

4.3.1. Abstimmungsregeln –verfahren

1. Jeder – Mann – Regel Jeder aus dem Kollektiv kann für das ganze Kollektiv entscheiden
2. Einstimmigkeit

→ Recht zum Veto (einer ist immer dagegen)

4.3.2. Kosten der Entscheidung

a) Konsensfindungskosten

Wenn jedes einzelne Individuum in einem 100 Mitglieder umfassenden Zusammenschluss allein für alle entscheiden kann, dann entstehen ihm keine Kosten dadurch, dass es sich darum bemühen muss, andere Mitglieder auf seine Linie einzuschwören. In diesem Fall sind die Konsensfindungskosten D Null.

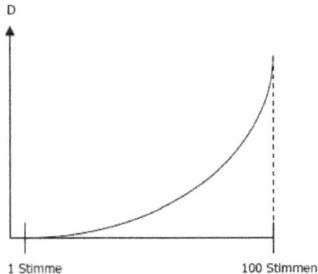

Der ansteigende Verlauf der D-Kurve besagt, dass es mit wachsender Zahl der erforderlichen Ja-Stimmen für das einzelne Mitglied immer schwieriger und kostenspieliger wird, die im Kollektiv zu treffende Entscheidungen an seinen Zielvorstellungen auszurichten.

b) Wahrscheinliche externe Kosten

Die negativen Folgen, die einem Individuum aus der Tatsache des kollektiven Entscheidens wahrscheinlich entstehen werden, nennt man „wahrscheinliche externe Kosten".

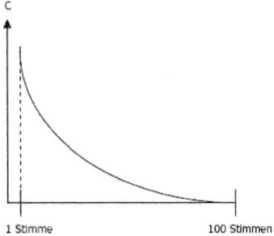

Die wahrscheinlichen externen Kosten erreichen ihr Minimum an jedem Punkt, an dem alle Mitglieder einer Entscheidung im Kollektiv zustimmen müssen. Hier hat jedes Individuum die Möglichkeit ihm unangenehme Folgewirkungen einer Entscheidung durch sein Veto zu blockieren.

c) Interdependenzkosten

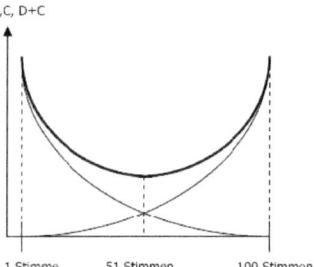

Da es dem einzelnen Individuum nicht nur darum geht, dass ihm innerhalb eines Kollektivs einiges erspart bliebt, sondern auch darum, dass es dort etwas durchsetzen kann, kann es nicht die Konsensfindungskosten oder die wahrscheinlichen externen Kosten minimieren. Da beide Kostenarten sich in Abhängigkeit von den erforderlichen Ja-Stimmen gegenläufig verhalten, steht das Individuum vor einem Optimierungsproblem.

4.3.3. Problem der zyklischen Mehrheit (Condorcet-Paradoxon)

Wir nehmen an, es gebe drei Personen x, y und z. x hat dabei am liebsten Option A, am zweitliebsten Option B und am wenigsten gern Option C. y hat am liebsten Option B, dann Option C und zuletzt A. Person z schließlich hat die Wunschliste C, A, B.

	x	y	z
Erstwunsch	A	B	C
Zweitwunsch	B	C	A
Drittwunsch	C	A	B

Zwei von drei (x und z) bevorzugen die Option A vor der Option B. Zwei von drei (x und y) bevorzugen auch die Option B vor der Option C. Aber es gibt ebenfalls zwei (y und z), die die Option C der Option A vorziehen. Um eine gemeinsame Rangliste gemäß der Condorcet-Methode aufzustellen, müsste man also sowohl A vor B und B vor C als auch C vor A anordnen, denn im direkten Vergleich hat A vor B, B vor C und C vor A die Mehrheit. Eine solche gemeinsame Rangliste ist aber nicht möglich.

4.3.4. Das Unmöglichkeitstheorem von Arrow

Bedingungen für eine gesellschaftliche Präferenzordnung in der Demokratie:

1. Einstimmigkeit
2. Keine diktatorischen Entscheidungen
3. Keine Beschränkung des Bereichs zulässiger individueller Präferenzen
4. Unabhängigkeit von irrelevanten Alternativen
5. Transivität (klare Reihenfolge soll vorhanden sein)

Unmöglichkeitstheorem:
Es gibt kein ideales Verfahren zur Aggregation individueller Präferenzen in eine gesellschaftliche Wohlfahrtsfunktion, welches alle fünf Bedingungen gleichzeitig erfüllt.

4.4. Parteienkonkurrenz in der Demokratie

4.4.1. Funktionsprinzip der repräsentativen indirekten Demokratie

Bei großen Nutzerkollektiven auf Staatsebene (Ordnung, Verteidigung, Sozialsystem) kommt es zu großen Gruppen. => Direkte Demokratie verursacht hier hohe Informations- und Interdependenzkosten sowie Probleme aus widersprüchlichen Entscheidungen.

Indirekte, repräsentative Demokratie (Bürger wählen Vertreter und diese entscheiden) senkt die Kosten, aber die Prinzipal-Agenten-Beziehung verursacht Kontrollprobleme. Hilfe: Wettbewerb der Parteien

4.4.2. Wettbewerb der Parteien

Merkmale (nach Schumpeter):
- Wahlen für feste Perioden
- alle Mitglieder im Kollektiv haben die gleichen Stimmrechte
- jeder Wähler hat eine Stimme
- die gewählte Partei ist berechtigt, die Regierungsgewalt für die Wahlperiode auszuüben
- die unterlegene Partei darf die Macht nicht mit unlauteren Mitteln angreifen
- Regierung darf die Entstehung neuer Parteien nicht beschränken

Voraussetzungen für einen wirksamen Wettbewerb:

1. Anforderungen für die Ordnung:
- Gewährleistung von freiem Marktzugang für neue Parteien
- Gewährleistung von fairen Wettbewerbsbedingungen
- freie / geheime / gleiche / regelmäßige Wahlen
- Sicherung der Durchsetzung des Wahlergebnisses

2. Anforderungen an die Kollektivmitglieder
- Wähler müssen sich informieren
- müssen ihre Bedürfnisse artikulieren

3. Anforderungen an die Parteien
- Wählerpräferenzen erkunden
- nicht erfüllte Bedürfnisse in den Vordergrund stellen
- streben nach Mehrheit
- streben nach Umsetzung des Parteiprogramms, für das sie gewählt wurden

4. Anforderungen an das Informationssystem
- Beschaffungskosten für die Wähler gering halten
- Informationssystem muss unabhängig von der Regierung sein
- Informationssystem muss die Präferenzen der Wähler transformieren

Beispiel zum Wettbewerb:

Annahmen:
- eindimensionales Spektrum (links-rechts) der Präferenzen
- Gleichverteilung der Präferenzen über das Spektrum
- zwei Parteien (ohne Eintritt neuer Parteien)
- alle Bürger wählen

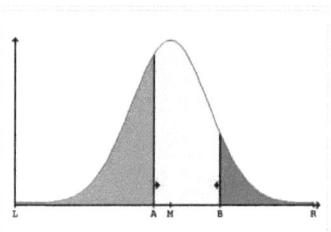

Die Parteien A und B versuchen den Medianwähler
für sich zu gewinnen und bewegen sich daher zur
Mitte. Die rote und blaue Fläche repräsentiert die
bereits gewonnenen Wähler.

Das Medianwählermodell geht daher davon aus, dass im Wahlkampf die Positionen der politischen Mitte besonders umkämpft sind. Rückt die linke Partei programmatisch näher an die rechte Partei heran, so kann sie dieser Wählerstimmen abnehmen. Umgekehrt wird die rechte Partei bestrebt sein, weiter nach links zu rücken. Es findet ein Kampf um die Mitte statt. Der für den Wahlausgang entscheidende Wähler der Mitte heißt Medianwähler.

Medianwählertheorem:
Bei einem eindimensionalen Entscheidungsgegenstand und eingipfligen Präferenzen kann der Medianwähler keine Abstimmung verlieren.

Grenzen der Modellanalyse:
- Anzahl der Parteien beträgt häufig > 2
- Neueintritt ist zulässig und findet statt
- Präferenzen der Wähler betreffen viele Dimensionen wie Sozial-, Verteidigungs-, Schulpolitik

4.5. Probleme kollektiver Allokations- und Distributionsentscheidungen in der Praxis

Entwicklung der Staatsausgaben:
1. Langfristig steigende Abgabenquote (Steuer und Sozialversicherung) am Einkommen
2. Hohe Defizite trotz langfristig zunehmender Abgabenquote
3. Steigenden Staatsverschuldung trotz steigender Abgabenquote
4. Steigende Zinslast im laufenden Etat (z.B. beim Bund)
5. Hohe Rentenzusagen zu Lasten der kommenden Generation
6. Langfristig negative Strukturverlagerung von investiven zu konsumtiven

Erklärung der Entwicklung der Staatsausgaben :
- Einfluss wohlorganisierter Interessensgruppen
- Kurzsichtigkeit der Politik, Vernachlässigung langfristiger Effekte
- Interessensstruktur der Wähler begünstigt Verschiebung von Lasten in die Zukunft
- Interessenslage der Bürokratie

Deutschland hat im internationalen Vergleich
- die höchsten pro-Kopf-Ausgaben für soziale Sicherheit
- sehr niedrige Ausgaben für Bildung (wie Türkei, Mexiko)

Einzelwirtschaftliche Reaktionen auf die steigende Abgabenlast/Umverteilung:
- Verlagerung von Aktivitäten in das Ausland,
- Steuerwiderstand/-umgehung,
- Schattenwirtschaft und (steiler Anstieg seit 1990)
- individuelle Ausnutzung der Sozialleistungen

Institutionelle Abhilfe gegen steigende Abgabenlast durch
- Dezentralisierung politischer Entscheidungen?
- Zweckbindung der Mittel?
- Neuordnung der Kompetenzen zwischen Bund und Ländern?

Konsequenz:
Eine schnelle Konsolidierung ist zur Gleichverteilung der Lasten auf gegenwärtige und zukünftige Generationen notwendig.

Maßnahmen zum Ausgleich:
- z.B. Senkung aller Leistungen zur Alterssicherung um 38 %
- z.B. Erhöhung der Steuern um 30 %
- z.B. Lebensarbeitszeit erhöhen

Aktuell diskutierte Maßnahmen:
- Beitragssätze zur Rentenversicherung erhöhen
- Rentenniveau senken
- Lebensarbeitszeit erhöhen

4.6. Schuldenstand in Deutschland

Die Höhe und die Bedeutung öffentlicher Verschuldung kann anhand einer ganzen Reihe von Kennzahlen gemessen werden: Schuldenstand und Nettokreditaufnahme: Laut Angaben des Bundes der Steuerzahler beträgt der aktuelle Schuldenstand der Bundesrepublik Deutschland (November 2006) 1536 Mrd. Euro.

Kritiker einer Verschuldungspolitik argumentieren, dass durch die Staatsverschuldung die jetzige Generation auf Kosten zukünftiger Generationen lebe (Generationenbilanz). Danach seien Staatsschulden auf die Zukunft verschobene Steuererhöhungen, die dann von den "nachfolgenden Generationen zu tragen sind".

Dieser Zusammenhang beinhaltet als Kernaussage, dass sich das permanente Einkommen der Haushalte durch die Neuverschuldung (=Steuersenkung) nicht verändert und damit keine Auswirkung auf die Ausgaben (=Nachfrage) der Haushalte hat, da die Haushalte die zukünftigen Steuerzahlungen, die durch die gegenwärtige Verschuldung bedingt sind, schon in der Gegenwart durch Sparen antizipieren.

Die Kritiker dieser neoklassischen Theorie argumentieren hingegen, dass eine Steuersenkung durchaus nachfragewirksam sein kann, da sie die Liquiditätsbeschränkung vieler Haushalte entschärft, weil ihnen mehr liquide Mittel zur Verfügung stehen.

Zudem widersprechen sich die These der mangelnden Nachfragewirkung und der angeblichen Belastung zukünftiger Generationen, da jedem Schuldtitel in Generation A ein Vermögenstitel (Gläubiger in derselben Generation A) gegenübersteht (siehe auch Geldvermögen). Werden die Schulden dann später durch Steuererhöhungen ausgeglichen, findet wiederum nur ein Tausch von Vermögenspositionen innerhalb der nachfolgenden Generation B statt.

II. Stabilisierungspolitik

5. Musterzyklus; Stabilitätspolitische Konzeptionen

Zyklen und Wachstumstrend:

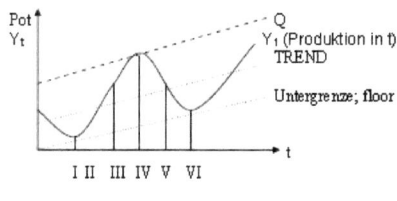

Konjunkturphasen:
I Depression
II Erholung (frühe Aufschwungphase)
III Aufschwung (späte Aufschwungphase)
IV Boom
V Abschwung
VI Rezession

→ Im Aufschwung kann der Zuwachs > Wachstum sein.

$$ALG = \frac{\text{Produktion in t}}{\text{Potential in t}} = \frac{Y_t}{Q}$$

Methoden zur Potenzialschätzung:
- laufende Unternehmensbefragung zur Auslastung (Ifo-Institut): regelmäßige Befragung von Unternehmen in ganz Dtl. nach dem Produktionspotential und nach der Auslastung des Produktionspotential
  - o Gewichtung der U nach ihrer Größe
  - o Aggregation nach Branche
  - o Gesamtschätzung des Produktionspotential

Konjunkturindikatoren:
- Änderung in der Produktion (BIP = Y)
- Änderung in der Produktion der Industrie (Vergleich mit Vorjahren, Vorquartal)

Konjunkturindikatoren der Bundesbank:
- Abweichungen der Industrieproduktion vom Trend (gleitender Durchschnitt)

Konjunkturzyklus (Y):
pro-zyklische, anti-zyklische Indikatoren (x)

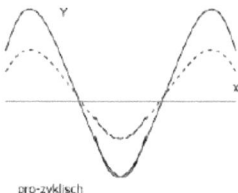

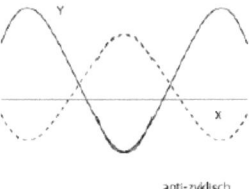

pro-zyklisch   anti-zyklisch

Vor- (lead) und nachlaufende (lag) Indikatoren (im Vergleich zu Y)

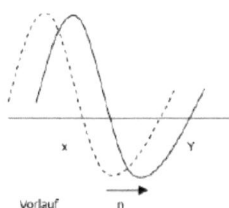

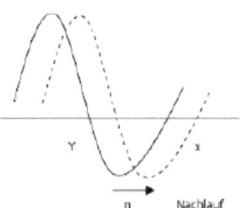

Vorlauf   n   n   Nachlauf

5.1. Konjunkturzyklen in Deutschland

Indikator: Abweichung der Industrieproduktion vom Trend

Vorlauf: Auftragseingänge, Exporte, Stimmung, Geschäftslage, Vertrauen, Lageänderung
Gleichlauf: Produktion, Kapazitätsauslastung, Konsum
Nachlauf: Beschäftigung, Arbeitslose, Löhne, Preise

Mitte der 70er Jahre / 80er Jahre dann die Beeinflussung durch exogene Faktoren

a) Ölkrise: Anstieg der Ölpreise
b) Konjunkturverbund
c) Vereinigungsboom '91
d) Dauerhafter amerikanischer Aufschwung (Dauerboom)
e) Japan – Krise

Diese Einflussfaktoren führten dazu, dass es keine autonomen Konjunkturverläufe mehr gibt in den einzelnen Ländern.

Aktuelle Situation 2006 und 2007:

* BIP   +2,5%   +1,5%
* Arbeitslosenquote   10,4%   10,0%
* Verbraucherpreisindex   1,7   2,2

Die Bundesregierung rechnet in ihrer Herbstprojektion für 2006 mit einem Wachstum von 2,5 Prozent. Im kommenden Jahr wird ein Plus von rund 1,5 Prozent erwartet.

Der Aufschwung wird durch die kräftig steigenden Exporte und die Binnennachfrage getragen. Die Absatz- und Ertragserwartungen der Unternehmen führen zu steigender Kapazitätsauslastung. Die kraftvollere Konjunktur und die Kapazitätsauslastung der Unternehmen führten dazu, dass Betriebe verstärkt Arbeitskräfte suchten. Damit nahm die Zahl der Erwerbstätigen deutlich zu. Für 2007 wird ein Anstieg der Zahl der Erwerbstätigen von rund 220.000 Personen erwartet.

Der export- und investitionsgetragene Aufschwung der deutschen Wirtschaft wird sich im Jahr 2007 fortsetzen, wenngleich das Wachstumstempo – zumindest vorübergehend – deutlich nachlassen wird.

Die Konsumzurückhaltung, die in den ersten Monaten des Jahres aus dem Kaufkraftentzug durch die restriktive Finanzpolitik folgen wird, dürfte den Anstieg von Produktion und Beschäftigung bremsen. Hinzu kommt die Nachfragelücke, die von den in das Jahr 2006 vorgezogenen Käufen aufgerissen wird. So ist mit einem Rückgang der Konsumausgaben der privaten Haushalte zu rechnen. Er dürfte kurzfristig auch auf die Inlandsnachfrage insgesamt durchschlagen. So hängt der weitere Verlauf der Konjunktur nicht unerheblich von der Weltwirtschaft, Besonders der Abschwung in den USA wirkt dämpfend.

Im Jahr 2007 ist es vor allem die Finanzpolitik, die durch die kräftige Erhöhung der Umsatzsteuer zu einer Abkühlung des Aufschwungs beitragen wird. Aber auch die Geldpolitik wird nach der jüngsten und der noch zu erwartenden Zinsanhebung durch die europäische Zentralbank nicht mehr expansiv wirken, auch wenn die monetären Rahmenbedingungen per saldo günstig bleiben.

Die Gefahren für die Preisniveaustabilität haben sich nach den jüngsten Zinsanhebungen der Europäischen Zentralbank zwar verringert. Allerdings ist die Liquiditätsausstattung im Euroraum immer noch sehr großzügig. Bedeutsam ist in dieser Situation die Fähigkeit der Zentralbank, die Stabilität der Inflationserwartungen im Euroraum auf dem bisherigen Niveau zu halten.

5.2. Das klassische System

Annahmen der Klassiker:
1. Homo oeconomicus
2. persönliche Freiheit und Privateigentum
3. marktlicher Austausch, Arbeitsteilung, flexible Preise

Aussagen:
- Preismechanismus führt zu Ausgleich von Angebot und Nachfrage auf den Gütermärkten (Angebot = f(p) = Nachfrage), d.h. es gilt das Say'sche Theorem: jedes Angebot schafft sich seine Nachfrage, es kann allenfalls zu temporären Störungen kommen
- Durch flexible Preise auch Gleichgewicht (Angebot = Nachfrage) auf den Faktormärkten (Produktionsfaktoren: Arbeit, Boden, Kapital); Die Geldmenge bestimmt nur das Preisniveau
- Außenhandel: Gleichgewicht durch Goldautomatismus
  - o nationale Währung wird in Gold hinterlegt, da nur das Gold eintauschbar ist, nicht aber die nationale Währung
  - o Ungleichgewicht im Außenhandel soll durch Goldexport / -import ausgeglichen werden

Bsp.: Goldexport
- Geldmenge im Inland wird zurückgefahren
- Preisreduktion im Inland
- inländische Güter werden wieder rentabler
- mehr Export, weniger Import
- Zahlungsbilanz wird ausgeglichen

Hauptaussage bezüglich der Stabilitätspolitik:
- priv. Sektor neigt zur Stabilität / es gibt keine dauerhaften Ungleichgewichte
- staatliche Aktivität zur Konjunkturbeeinflussung sollte unterbleiben, dem Staat kommt nur die Aufgabe zu die wirtschaftlichen Rahmenbedingungen zu setzen ("Nachtwächterstaat")

5.3. Die keynesianische Konzeption

Kritik an den Klassikern:
- Saysches Theorem gilt nicht, da nach Keynes St = f(Yt), d.h. die Sparentscheidung ist unabhängig vom herrschenden Zinssatz i und It = f(r,i) wobei die Renditeerwartung r zentrales Kriterium für Investoren darstellt
- Da das Saysche Theorem nicht gilt, müssen sich Angebot und Nachfrage nicht immer ausgleichen, sondern es kann Ungleichgewichte geben (S>l oder l>S).
- Nicht alle Preise (Löhne) sind vollkommen flexibel, so weisen nach Keynes die Geldlöhne eine Starrheit nach unten auf, Grund ist der Mindestlohn

Hauptaussage bezüglich der Stabilitätspolitik:
- priv. Sektor neigt zur Instabilität / es gibt keine inhärente Tendenz zum Gleichgewicht
- der Staat soll nach diesem theoretischen Konzept durch die Beeinflussung der gesamtwirtschaftlichen Nachfrage (antizyklisches Gegensteuern) die gesamtwirtschaftliche Entwicklung stabilisieren

5.4. Das neoklassisch-monetaristische Konzept

Kritik: (an der von den Keynesianern geforderten antizyklischen Geld- und Fiskalpolitik)
* Prognoseprobleme und Verzögerungen können zu prozyklischen Reaktionen führen
  → die aktuelle Situation ist erst mit einer gewissen Zeitverzögerung diagnostizierbar
  → Konjunktur ist immer schon ein Stück weiter
* Es treten Durchsetzungsprobleme auf
  → asymmetrischer Einsatz der konjunkturpolitischen Instrumente
  Rezession ⇒ Staatsausgaben erhöhen; im Boom aber werden die Staatsausgaben auch
  erhöht, obwohl sie eigentlich gesenkt werden sollten
  ⇒ Staatsverschuldung nimmt zu
* Es kann zu einer Interventionsspirale staatlicher Eingriffe kommen

Keynes:
* Betont Marktversagen und
* Vernachlässigt Staatsversagen

Hauptaussage bezüglich der Stabilitätspolitik:
* Endogene Stabilität des privaten Sektors, Fähigkeit des privaten Sektors externe Schocks abzufedern
* Investitionen langfristig orientiert schwanken nicht
* Stabiles Konsumentenverhalten (permanente Einkommenshypothese)
* Keine instabile Kassenhaltung
* Staatlicher Sektor ist nicht in der Lage die Wirtschaft zu stabilisieren, sondern verschärft die Krisen und führt dazu, dass die Stabilität in der Wirtschaft abnimmt

Forderungen der Neoklassiker/Monetaristen:
* Flexibilisierung der Angebotsseite (flexible Löhne und Preise)
* potentialorientierte Staatsausgabenentwicklung (d.h. keine Ausrichtung am momentanen Auslastungsgrad und der momentanen Konjunkturlage)
* potentialorientierte und ex ante festgelegte Geldpolitik
* Deregulierung, Entstaatlichung, Liberalisierung

6. Instrumente und Wirkungen antizyklischer Fiskalpolitik

6.1. Aufgaben der Finanzpolitik

Das Aufgabenfeld der Finanzpolitik wird in drei Funktionsbereiche unterschieden:

a) Allokationsfunktion

In allokationspolitischer Hinsicht hat der Staat für eine optimale Abstimmung zwischen privater und kollektiver Bedürfnisbefriedigung Sorge zu tragen (öffentliche und meritorische Güter). Ihm kommt die Aufgabe zu, Güter und Dienstleistungen bereitzustellen, die über den Markt nicht bzw. nur in unzureichender Weise angeboten werden können. Während die Bereitstellung privater Güter und Dienstleistungen über den Marktmechanismus erfolgt, geht die Bereitstellung öffentlicher Güter und Dienstleistungen letztlich auf staatliche Entscheidungen zurück.

Definition öffentlicher Güter:
- Keine Rivalität im Konsum
- Kein Ausschluss zu vertretbaren Kosten

Definition meritorische Güter:
Private Güter, bei denen die individuelle marktliche Konsumwahl zu kollektiv unerwünschten Ergebnissen führt, z.b. Zigarrenindustrie.

Welche dieser Güter in welchem Umfang zu öffentlichen Aufgaben erklärt werden, ist letztlich eine politische Entscheidung.

b) Distributionsfunktion

- Primärverteilung: nach Marktleistung/ Knappheit
- Sekundäre Korrektur der Verteilung (Umverteilung) Sozialorientierte Umverteilung durch Fiskalpolitik, z.b. nach Opfer-und Bedarfsgerechtigkeit

Einkommensverteilung durch:
- Transfers
  - o Geleistete Zwangsabgaben, Steuern, Sozialbeiträge
  - o Empfangene Transfers (Wohngeld, Rente)
- Staatsausgaben für
  - o Infrastruktur
  - o Rechtssystem, Hochschulen

c) Stabilisierungsfunktion

Weist dem Nationalstaat die zentrale Verantwortung für das gesamtwirtschaftliche Gleichgewicht zu.

6.2. Das Prinzip der antizyklischen Fiskalpolitik

Finanzpolitik:

Vor Keynes: Staatshaushalt wie Privathaushalt geführt, jährlicher Budgetausgleich als Ziel
- Laufende Ausgaben = laufende Einnahmen
- Einmalige Ausgaben = Außerordentliche Einnahmen

Wirkung des klassischen Budgetausgleichs → Problem: Verstärkung der Zyklen durch den Staat

Antizyklische Finanzpolitik:
Bewusstes Herbeiführen von Haushaltssalden, um gesamtwirtschaftliche Ungleichgewichte zu kompensieren:
- In Rezensionen: N < A → Defizit (Steuern < Staatsausgaben)
- Bei Inflation: N > A → Überschuss (Staatsausgaben < Steuern)

Keynes: Variation von Staatseinnahmen und –ausgaben zur Konjunkturbeeinflussung.

Wirkung der Variation ist unter anderem abhängig von:
- Art der Finanzierung
- Art der Ausgaben
- Erwartungen des Wirtschaftssubjektes
- Steuersystem

6.3. Instrumente der Fiskalpolitik und ihre Wirkungen

a) Ausgabenänderung durch Notenbankverschuldung/ -entschuldung

- Staatsausgaben steigen = Verschuldung = Geldmengenausweitung
- Staatsausgaben sinken = Entschuldung = Geldmengenverringerung
  → größte Wirkung auf die Auslastung, aber in der Eurozone für die Länder generell verboten

b) Ausgabenänderung durch Ver- und Entschuldung auf dem Kapitalmarkt

Staatsausgaben steigen = Kreditaufnahme, Verschuldung, Wertpapierangebot steigt
- Sinkende Kurse für Anleihen
- Steigende Effektivverzinsung
  → sinkende Investitionstätigkeit der Unternehmen und Haushalte
  → mittlere Wirkung auf die Kapazitätsauslastung

c) Ausgabenänderungen bei reiner Steuerfinanzierung

6.4. Der Einsatz der Instrumente in der Praxis

a) Diskretionärer (fallweiser) Einsatz
- durch Einnahmevariation
- Ausgabevariation

Kritik der diskretionären Variation:
- Verzögerungen
- Durchsetzungsprobleme
- Struktureffekte
- Zielkonflikte
- Asymmetrischer Einsatz

b) Automatische Stabilisierung
- Abhängig von der Elastizität der Steuern und Staatsausgaben
- Wirkung
- Vorteile / Nachteile

6.5. Generelle Kritik antizyklischer Politik

a) Antizyklische Fiskalpolitik ist in der Praxis politisch nicht realisierbar:
- Der fallweise Einsatz verstärkt Zyklen und führt zur steigenden Staatsverschuldung
- Automatische Stabilisatoren werden von der Politik nicht akzeptiert

b) Autonome nationale antizyklische Fiskalpolitik ist
- Im gemeinsamen Markt der EU und
- Bei einer Integration in die Weltwirtschaft nicht mehr wirksam

c) Antizyklische Fiskalpolitik verursacht Konflikte mit der Allokationsfunktion

d) Eine stetige Entwicklung steht im Widerspruch
- Zur Dynamik von Umwelt, Technik und schöpferischer Zerstörung sowie
- Zur unsteten internationalen Entwicklung

7. Instrumente und Wirkung der Geldpolitik

7.1. Die Zahlungsmittelversorgung

a) Funktion des Geldes

Die Wirtschaftssubjekte benutzen Geld als Zahlungsmittel, als Recheneinheit und als Wertaufbewahrungsmittel. Als Zahlungsmittel dient Geld als allgemeines Tauschmittel bei der Abwicklung der wirtschaftlichen Transaktionen. Als Recheneinheit dient Geld, um alle Preise in Einheiten eines einzigen Mediums auszudrücken. Als Wertaufbewahrungsmittel dient Geld als Aktivum, um Vermögen aufzubewahren. Erfüllt ein Objekt diese Funktionen einzeln oder alle zusammen, dann dient dieses Objekt als Geld.

b) Geldmengendefinition

Verbindlichkeiten[1]	M1	M2	M3
- Bargeldumlauf	x	x	x
- Täglich fällige Einlagen	x	x	x
- Einlagen mit vereinbarter Laufzeit von bis zu 2 Jahren		x	x
- Einlagen mit vereinbarter Kündigungsfrist von bis zu 3 Monaten		x	x
- Repogeschäfte			x
- Geldmarktfondsanteile und Geldmarktpapiere			x
- Schuldverschreibungen bis zu 2 Jahren			x

7.2. Instrumente der EZB

7.2.1. Offenmarktgeschäfte

Unter Offenmarktgeschäften versteht man den An- und Verkauf von Wertpapieren am Geld und Kapitalmarkt durch die Zentralbank für eigene Rechnung. Offenmarktgeschäfte kann die Zentralbank sowohl am Geldmarkt als auch am Kapitalmarkt betreiben. Als Partner der Offenmarktgeschäfte kommen Geschäftsbanken und Nichtbanken in Betracht. Ziel ist es die Liquidität der Geschäftsbanken wohldosiert zu steuern.

Arten der Liquiditätsbereitstellung
a) befristete Transaktion
b) endgültige An- und Verkäufe von Wertpapieren
c) Emission von Schuldverschreibungen
d) Devisenwapgeschäfte
e) Hereinnahme von Termingeschäften

Die technische Abwicklung erfolgt im Rahmen eines Ausschreibungsverfahrens, wobei entweder Mengen- oder Zinstender durch die EZB angeboten werden.

a) Nach zeitlicher Dauer der sechs Verfahrensschritte

Standardtender: Vergabe innerhalb von 24 Stunden
Schnelltender: Vergabe innerhalb von 1 Stunde

b) Nach Preis- und Mengenfestlegung

Mengentender:
EZB legt Zinssatz und Menge fest
• Geschäftsbanken nennen die gewünschte Menge
• EZB teilt die Menge anteilig zu, Nachfrage beeinflusst den Zins nicht
→ klares Zinssignal der EZB

Zinstender:
EZB legt die Menge und den Mindestsatz fest
• Geschäftsbanken nennen die gewünschte Menge und Zinsgebote
• EZB teilt die Menge zu
→ Nachfrage der Geschäftsbanken beeinflusst den Zins

c) Nach Zuteilungsverfahren (beim Zinstender)

Holländisches Verfahren:
EZB legt Mindestzins fest
• Geschäftsbanken geben Gebote ab, die Volumen und Zinssatz enthalten
• EZB teilt Menge beginnend beim höchsten Zinssatz zu, am Ende der Zuteilung wird der gebotene Zinssatz der Geschäftsbanken vereinheitlicht

Amerikanisches Verfahren:
EZB legt Mindestzins fest
- Geschäftsbanken geben Gebote ab, die Volumen und Zinssatz enthalten
- EZB teilt Menge beginnend beim höchsten Zinssatz zu, die Geschäftsbanken mit dem niedrigsten Zinsgebot gehen leer aus

Verfahrensschritte beim Tenderverfahren:
Schritt 1: Tenderankündigung
Schritt 2: Vorbereitung und Abgabe von Geboten durch die Geschäftsbanken
Schritt 3: Zusammenstellung der Gebote durch das ESZB
Schritt 4: Tenderzuteilung und Bekanntmachung der Tenderergebnisse
Schritt 5: Bestätigung der einzelnen Zuteilungsergebnisse
Schritt 6: Abwicklung der Transaktion

Sicherheiten der Geschäftsbanken:

Kategorie I: Marktfähige Schuldtitel, die alle Zulassungskriterien der EZB erfüllen und die in der ganzen EURO-Zone zugelassen sind

Kategorie II: Marktfähige und nicht marktfähige Sicherheiten, die nationale Zulassungskriterien erfüllen

Kategorien der Offenmarktgeschäfte:

Sie sind das wichtigste Instrument der EZB und bilden den Mittelpunkt der Geldpolitik des ESZB. Sie dienen zur Steuerung der Zinsen, der Liquiditätslage und zum Aufzeigen des geldpolitischen Kurses. Durch die Offenmarktgeschäfte erhalten die Geschäftsbanken den Großteil ihres Geldes gegen die Verpfändung von Sicherheiten.

(1) Hauptfinanzierung
- Rhythmus: wöchentlich
- Laufzeit: 2 Wochen, befristet
- Form: Standardtender
- Bedeutung: normale Liquiditätszuführung, das größte Volumen
- Preissetzung: Zinstender
- Sicherheiten: Kategorie I und II
- Durchführung: dezentral durch die nationalen Zentralbanken

(2) Längerfristige Refinanzierungsgeschäfte
- Rhythmus: monatlich
- Laufzeit: 3 Monate, befristet
- Form: Standardtender (Zinstender)
- Bedeutung: begrenzte Liquiditätszuführung, geringes Volumen,
- Preissetzung: EZB in der Regel Preisnehmer
- Sicherheiten: Kategorie I und II

(3) Feinsteuerungsoperationen
- Rhythmus: unregelmäßige Zuführung / Absorption, Schnelltender in 1h
- Laufzeit: nicht standardisiert, be-/unbefristet
- Form: Devisenswapgeschäfte und Hereinnahme von Termineinlagen

(4) Strukturelle Operationen
- Rhythmus: unregelmäßig
- Form: bilaterale Geschäfte oder Standardtender
- Laufzeit: < 12 Monate
- Ziel: Beeinflussung der Zinsstruktur

Liquiditätszuführender Mengentender

(EZB fixiert die Menge [75 Mio. €] zu festem Zins [i_L])

Beispiel 1:

Mengenangebote der Geschäftspartner der EZB in Mio. €

Geschäftspartner	Gebote
Bank A	30
Bank B	50
Bank C	70
Insgesamt	150

Von der EZB festgelegter Zuteilungsbetrag in Mio. €	75
Zuteilungsquote (75/150) • 100	50%

Geschäftspartner	Gebote	Zuteilung
Bank A	30	15
Bank B	50	25
Bank C	70	35
Insgesamt	150	75

Liquiditätszuführender Zinstender

(EZB fixiert die Menge [115 Mio. €] und den Mindestzins [3,2%])

Beispiel 2:

Gebote der Geschäftspartner des ESZB für alternative Zinssätze in Mio. €

Zinssatz	Bank A	Bank B	Bank C	Gebote / Zinssatz	Gebote kumulativ
4,0	0	10	5	15	15
3,8	5	15	10	30	45
3,6	10	20	20	50	95
3,4	10	10	20	40	135
3,2	0	10	5	15	150
Insgesamt	25	65	60	150	

Von der EZB festgelegter Zuteilungsbetrag in Mio. €	115
Marginaler Zinssatz	3,4%
Repartierungsquote beim marginalen Zinssatz	50%

Repartierte Beträge: A: 5, B: 5, C: 10

Zinssatz	Bank A	Bank B	Bank C
4,0	0	10	5
3,8	5	15	10
3,6	10	20	20
3,4	10	10	20
Insgesamt	25	65	60
Zuteilung	20	50	45

Eine Erhöhung (*Senkung*) der Zinsen auf **Offenmarktpapiere** bewirkt Folgendes:
- Es wird für Banken lukrativer (*weniger lukrativ*), Offenmarktpapiere zu kaufen.
- Deshalb kaufen sie mehr (*weniger*) Offenmarktpapier und vergeben weniger (*mehr*) Kredite.
- Der Geldumlauf sinkt (*steigt*) dadurch.
- Ein geringerer (*höherer*) Geldumlauf dämpft (*erhöht*) die Inflation.
- Da weniger (*mehr*) Geld für Ausleihungen zur Verfügung steht steigt (*sinkt*) der Zins.
- Höhere (*niedrigere*) Zinsen dämpfen das Wirtschaftswachstum (*kurbeln die Wirtschaft an*).

7.2.2. Ständige Fazilitäten

Merkmale:
- Initiative liegt bei der Geschäftsbank
- EZB gibt feste Sätze für Fazilitäten vor

- unbeschränkter Zugang für die Geschäftsbank
- die Vergabe erfolgt gegen Sicherheiten
- Fazilitäten sollen übermäßige Liquiditätsanspannung / -flüssigkeit der Geschäftsbank verhindern
- geben einen Korridor für einen Tagesgeldsatz vor

a) Spitzenfazilität
- EZB stellt benötigte Mittel für die Geschäftsbank über Nacht gegen Sicherheit bereit
- Zins wird von der EZB im voraus bekannt gegeben

→ der jederzeit änderbare Zinssatz bildet die Obergrenze für den Tagesgeldsatz am Geldmarkt

b) Einlagefazilität
- EZB bietet den Geschäftsbanken die kurzfristige (über Nacht) zinstragende Anlage von allen Zentralbanküberschüssen an
- Einlage auf einen Geschäftstag befristet
- Geschäftsbanken erhalten keine Sicherheiten von der EZB

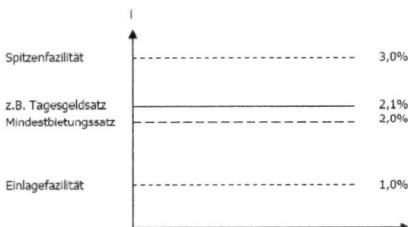

Eine Erhöhung (*Senkung*) des **Refinanzierungssatzes** hat Folgendes zur Folge:
- Es wird für die Banken teurer (*billiger*), sich bei der Notenbank mit Geld zu versorgen
- Sie geben die gestiegenen (*gesunkenen*) Kosten an ihre Kunden weiter.
- Es werden weniger (*mehr*) Kredite vergeben.
- Der Geldumlauf sinkt (*steigt*) dadurch.
- Ein geringerer (*höherer*) Geldumlauf dämpft (*erhöht*) die Inflation.

7.2.3. Mindestreserve

Mindestreserve:
Verpflichtung der Geschäftsbanken, einen bestimmten Anteil der Einlagen der Kredite der Kunden (passiv) als Kasse oder Notenbankguthaben zu halten.

Die Höhe der Mindestreserve richtet sich einerseits nach der Höhe der Einlagen bei dem jeweiligen Kreditinstitut und andererseits nach den für die jeweiligen Einlagearten festgelegten Mindestreservesätzen.

Die Mindestreservepolitik hat zwei Funktionen. Einmal soll sie die Gläubiger der Geschäftsbanken schützen, wenn Kreditinstitute in Liquiditätsschwierigkeiten geraten, zum anderen kann die Mindestreservepolitik als Instrument zur Steuerung der Bankenliquidität und damit zur Beeinflussung von deren Kreditvergabefähigkeit der Geschäftsbanken eingesetzt werden.

Reservepflicht der Geschäftsbanken auf
- Einlagen
- ausgegebene Schuldverschreibungen und
- Geldmarktpapiere

Eine Erhöhung (*Senkung*) des **Mindestreservesatzes** löst idealtypisch folgende Reaktionen aus:
- Die Banken können von ihren Einlagen einen geringeren (*größeren*) Teil als Kredite an Unternehmen und Privatpersonen vergeben.
- Die Banken können weniger (*mehr*) Kredite vergeben; die Geldschöpfungsmöglichkeiten sinken (*steigen*).
- Der Geldumlauf sinkt (*steigt*) dadurch.
- Ein geringerer (*höherer*) Geldumlauf dämpft (*erhöht*) die Inflation, da die Nachfrage sinkt (*steigt*)
- Da weniger (*mehr*) Geld für Kredite zur Verfügung steht steigt (*sinkt*) der Zins; Zinsen sind der Preis für Geld, also ein Knappheitsindikator.
- Höhere (*niedrigere*) Zinsen dämpfen das Wirtschaftswachstum (*kurbeln die Wirtschaft an*).

7.3. Transmission monetärer Impulse

Zur Modellierung einer optimalen Geldpolitik in kleinen offenen Volkswirtschaften ist es essentiell, Annahmen über die Effekte geldpolitischer Entscheidungen zu treffen. Der Transmissionsprozess monetärer Impulse beschreibt den Prozess, welchen die, durch geldpolitische Entscheidungen hervorgerufene, Impulse durchlaufen, ehe sie geldpolitische Zielgrößen beeinflussen. Er beschreibt damit den Zusammenhang zwischen geldpolitischen Instrumenten und geldpolitischen Zielgrößen.

Vermögenstheoretischer Ansatz:
- Betonen das rationale Streben der Wirtschaftssubjekte nach einer optimalen Vermögensstruktur.
- Im Vordergrund stehen Vermögensbestands-Anpassungsprozesse

Idealtypischer Verlauf des vermögenstheoretischen Transmissionsprozesses:
- In t_0 hat der Privatsektor sein Portfolio optimal strukturiert
- Expansive Offenmarktpolitik: Auslösung eines monetären Impulses, Geldmenge steigt
- Tatsächliche Kassenhaltung übersteigt gewünschte Kassenhaltung, Rendite der Kassenhaltung sinkt
- Aufgrund dieses geringen Rendite Kauf von Wertpapieren, deren Kurse steigen und die Renditen sinken auch
- In t_1 neues Gleichgewicht
- Substitutionsprozess greift irgendwann auf realwirtschaftliche Größen über

Kredittheoretischer Ansatz:
- Betonen die Kreditgewährung
- Betrachten die Interdependenzen zwischen den Stromgrößen Kreditgewährung und kreditabhängige Ausgaben
- Konzept der Kreditrationierung basiert auf Mengenanpassungen
- Gründe für Kreditrationierung:
  o Staatliche Maßnahmen
  o Vorübergehendes Ungleichgewicht
- Kreditrationierung = Zustand, indem die Kreditnachfrage teilweise unbefriedigt bleibt, obwohl die Nachfrager bereits sind einen höheren Marktzins zu bezahlen

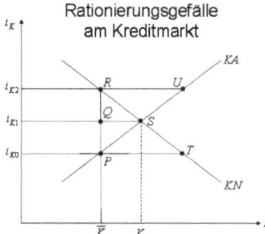

- Rationales Verhalten der Banken führt zur Optimierung des Gewinns durch Wahl des gewinnmaximalen Zinses

7.4. Die Geldpolitik der EZB

Geldlücke:
Eine Geldlücke liegt vor, wenn mehr Liquidität vorhanden ist, als für die Finanzierung eines inflationsfreien Wachstums benötigt ist. Die nominale Geldlücke entspricht der Differenz zwischen der tatsächlichen Geldmenge M3 und dem Geldbestand M3, der sich aus einem M3-Wachstum entsprechend dem Referenzwert von 4,5% pro Jahr ergeben hätte.

Ursachen der Geldlücke
- Portfolioumschichtungen auf dem Aktienmarkt zu Gunsten der Geldhaltung, da niedrige Zinsen (Opportunitätskosten der Geldhaltung)
- Hohe Vorsichtskasse wegen hoher Unsicherheit

Die Geldlücke ist derzeit 12% und somit wächst die Geldmenge im Euroraum deutlich schneller als das nominale BIP und stellt auf diese Weise eine Gefahr für die Preisniveau- und Finanzstabilität dar.

Probleme der EU-Geldpolitik:

(1) In der EU besteht eine erhebliche Unsicherheit über die
- Zuverlässigkeit der Indikatoren (Daten wurden unterschiedlich definiert, erhoben, etc.)
- Wirkungszusammenhänge der Geldpolitik (Finanzierungen sind traditionell sehr unterschiedlich) und die
- Produktivitätsentwicklung

(2) Die einheitliche Geldpolitik hat bei Heterogenität von
- Wirtschaftssubjekten
- Wirtschaftswachstum (Balassa-Samuelson-Effekt z.B. in Irland)
- Konjunktur und
- Preissteigerungen in den Regionen erhebliche Orientierungsprobleme

(3) Reale Ausgleichsmechanismen funktionieren zwischen den EU-Regionen noch nicht wie erforderlich. Innerhalb der EU gibt es
- nur eine sehr geringe Binnenwanderung und
- nur sehr geringe reale Transfers zwischen den Staaten

(4) Die realen Ausgleichsmechanismen innerhalb der EU-Regionen funktionieren schlecht
- sehr geringe Flexibilität der Lohnsetzung und
- geringe Heterogenität der Löhne nach Qualifikation in Deutschland

(5) Die einheitliche Geldpolitik wird nicht durch eine einheitliche Wirtschaftspolitik unterstützt, bzw. trifft auf heterogene Wirtschaftspolitiken

III. Struktur-, Regional- und Arbeitsmarktpolitik

8. Bestimmungsgründe für Wirtschaftswachstum und Strukturwandel

8.1. Wachstum

- Wachstum: Zunahme des Produktionspotenzials
- Steigerung der Produktivität durch Wettbewerb, Anreize und Sanktionen, Infrastruktur, Forschung und Entwicklung, Innovationen, Flexibilität, Mobilität, etc.
- Beseitigung von Engpässen bei Human- und Sachkapital

Konvergenz:

Definition: Angleichung des Wohlstandes (BIP/Ew) durch Aufholprozesse bzw. durch Wachstumsunterschiede

Konvergenz zwischen den OECD-Ländern 1870-1993, Aufholprozesse durch Öffnung der Märkte, Privatisierung, Liberalisierung Konvergenz durch Bildung / Mitgliedschaft in der EG
- sehr hoch (Irland, Portugal)
- niedrig (Griechenland [trotz sehr hoher EU-Mittel], Ostdeutschland [trotz extrem hoher Transfers])

8.2. Struktur und Strukturwandel

Strukturwandel in der Volkswirtschaft:
- Änderung der Relationen / Anteile (regional, sektoral, Alter, Qualifikationen, etc.)
- Bezugsgrößen: Input- / Outputfaktoren, Beschäftigte, Unternehmen, Kapitalstock, BIP, Umsätze, etc.
- Indikatoren: Anteile BIP, Beschäftigte
- Intensität:
  o Stark
  o Gering
  o verändert sich im Zeitablauf
- generell: Strukturen ganz selten konstant, Wandel immer zu beobachten mit unterschiedlicher Intensität
Gründe für mangelhaften Strukturwandel:
- erhebliche Behinderungen
- mangelhafte Flexibilität der Arbeitnehmer
- mangelnde regionale Mobilität

8.3. Die Drei-Sektoren-Hypothese

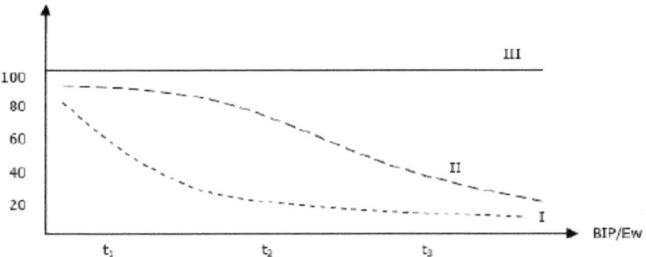

Die Drei-Sektoren-Hypothese nach Alan Fisher beschäftigt sich mit der sehr unterschiedlichen Einkommenselastizität der Nachfrage nach Gütern und Dienstleistungen bei steigendem Wohlstand. Im langfristigen Wachstumsprozess von Marktwirtschaften entwickelt sich demnach eine Agrargesellschaft durch Technischen Fortschritt und Einkommensanstieg zunächst zu einer Industriegesellschaft und dann zu einer Dienstleistungsgesellschaft.

Mit steigendem Wohlstand (Einkommen) nimmt die Nachfrage nach Gütern unterschiedlich zu:

Primärer Sektor:
- Land- und Forstwirtschaft, Fischerei
- Einkommenselastizität der Nachfrage < 0,5

Sekundärer Sektor:
- Handwerk, Industrie
- Einkommenselastizität der Nachfrage 0,5 – 1,0

Tertiärer Sektor:
- Einkommenselastizität der Nachfrage > 1,0
- Dienstleistungen (Banken, Kommunikation, Transportwesen)

Kritik der Drei-Sektoren-Hypothese:
- Empirie ohne Theorie (vergangene Entwicklung) -> nur Beobachtung, Extrapolation eines Trends
- ex post Erklärung, ex post Abgrenzung der Sektoren, kein klar formuliertes Gesetz mit Bedingungen der Anwendung
- These vernachlässigt völlig die internationale Arbeitsteilung
- liefert keine Prognosen für die zukünftige Entwicklung (Prognose von technischem Fortschritt)
- Entwicklung in den Sektoren ist sehr heterogen (siehe intrasektoraler Wandel)

Starker Wandel innerhalb der Sektoren in Deutschland:

Primärer Sektor:
- Wandel der Betriebsgrößen
- Wandel der Produktstruktur (weniger Kartoffeln, mehr Frischobst und Gemüse)

Sekundärer Sektor:
- starker Wandel der Produktstruktur (weniger Steine und Erden, mehr Investitionsgüter)
- sehr unterschiedliche Entwicklung der Arbeitsproduktivität in den Branchen
- schrumpfende und expandierende Branchen

Tertiärer Sektor:
- starker Wandel der Produktstruktur (Banken und Versicherungen expandierten über Jahrzehnte am stärksten und schrumpfen jetzt)

8.4. Ursachen und Wirkungen des Strukturwandels

1. Institutionelle Ursachen:
- Änderungen im Steuer- / Sozialsystem
- Deregulierung, Privatisierung, Liberalisierung
- Freihandel, Wechselkursänderungen
- Binnenmarkt, EWS, etc.

2. Ursachen auf der Angebotsseite:
* ungleiche Entwicklung der Faktorverfügbarkeit, Ressourcenverknappung, Änderung der relativen Preise (z.b. Energie / Kapital, Arbeit / Kapital)
* ungleich wirkender technischer Fortschritt
* neue Güter, kostengünstigere Verfahren

3. Ursachen auf der Nachfrageseite:
* unterschiedliche Einkommenselastizität der Nachfrage bei steigendem Einkommen
* Marktphasen (Produktzyklus: z.B. schwarz-weiß Fernseher)
* Änderung der Altersstruktur der Bevölkerung (Pflegeheim statt Hort und Kindergarten)
* Änderung der Staatsnachfrage